你這一生要努力的，

就是活成自己喜歡的樣子

U0539327

王詩雨——著

前言

我們的決定，決定了我們。

年輕，就充滿希望；年輕，就是最大的資產。

只要我們不荒廢青春，未來就會有無限可能。千萬別在應該拚搏的年紀選擇穩定。世界上唯一的不變，就是改變。只有每天進步，才能擁抱生命的無限可能。

你這一生要努力的，就是活成自己喜歡的樣子！不對自己妥協，不做一個不斷將就的人，才是你要去努力的生活方式。

我們常會聽見有人這樣說：

「這件衣服雖然不是我喜歡的顏色，但是很便宜，也挺百搭。」
「現在的工作單調又無聊，要不是公司離家近……」
……
這些耳熟能詳的話背後，代表的都是當事人正在「將就」和「湊合」。在我們的成長和生活中，總有著太多的「將就」和「湊合」，多數人總認為，現在的一切最適合自己，不需要更多。而且長輩不都說，「平平淡淡才是真」嗎？
可是，「將就」意味著無奈和屈就，也意味著當事人正在做著自己認為「不值得」的事。既然不值得，就沒意義，也沒有必要把這件事做好，即使做好了，也許只是碰巧。於是，跟這件事有關的一切都不會被珍惜，結果就是糟糕的工作、虛偽的情愛、乏味的婚姻、無望的生活……不知不覺中，我們的人生成了低要求、低準則、低目標的「低配」人生。
世間所有事都敵不過一個「懶」字，懶得做，懶得改變，就會開始變得麻木，學會自我安慰。人生有太多的可能，你沒試過其他可能，怎麼會知道那些不是你想要的？其實，很多事情在走過以後回頭看，並沒有當初想像中的那麼艱難。

當你還沒有什麼牽累，有時間可以嘗試，那就多試一試，只要你不虛度年華，只要你不辜負時光！年輕，便足以讓你贏得所渴望的未來。除此之外，任何的抱怨、不滿、矯情，都起不了任何作用。

沒錯，只要你的內心世界是敞開的，世界就會向你無限的敞開；就像只要你願意，就可以輕鬆愉快的到達你所嚮往的任何地方。

存在主義大師沙特曾說：「我們的決定，決定了我們。」希望你的青春，有趣，不將就，沒有遺憾。

目錄
Contents

Chapter
—2—
在輸得起的年紀，只管向前奔跑

Chapter
—3—
以夢想和自由為名，單打獨鬥又何妨

Chapter —4—

世界讓我遍體鱗傷，但傷口長出的卻是翅膀 170

Chapter

—5—

Chapter

—6—

做個有趣的人，不要為自己的生命設限

chapter 1

可以不轟轟烈烈
但要活成自己喜歡的樣子

你一輩子做的最對的一件事，

就是不負歲月，不錯過生命中的美好，當你的才華還撐不起你的夢想時，

你就需要拚命的提升自己的實力，而不是讓年輕成為炫耀的本錢。

01

為什麼你總是那麼忙
卻又什麼都做不好

幾個朋友一起聊到新年計畫，Vivi的新年計畫簡單到只有爬山這一項，而她一位閨密的計畫卻洋洋灑灑，從健身、讀書、寫作到學英語，足足有四項，每一樣看起來都足以讓人忙翻。看著閨密的計畫，Vivi不懷好意的心想：看妳能堅持多久。之後，Vivi動不動就要翻看一下閨密的朋友圈，想看看閨密到底什麼時候才會放棄。沒想到，閨密一直在堅持，更重要的是，並沒有像Vivi想的那樣忙到四腳朝天，從閨密不時發出的照片和更新的文章中，看到她有時間做一頓精緻的美食，有時間買新衣打扮自己，有時間來一趟說走就走的旅行，甚至還有時間在網上跟人瞎聊。

也許你也跟 Vivi 一樣很疑惑，閨密竟然可以這麼悠閒，做了那麼多事，學了那麼多東西，這一切到底是怎麼做到的？

其實很簡單，正如閨密所說：「每天我會抽出半小時健身，健身的同時可以聽英語廣播；我還會抽出半小時讀書，再抽出一個小時寫作，加起來也才兩個小時。剩下其他的時間，就可以自由支配，當然清閒了。」

也許又有人質疑了，每天花這麼少的時間，怎麼才能保證效果呢？閨密的回答還是很簡單：「每天都做，只要養成習慣，從不間斷的堅持下去，就會有驚人的效果。」

* * * * *

的確，在我們生活的周圍，總有一批出類拔萃的人，他們每一次出場，總是與眾不同，外表時尚、光鮮亮麗、自然大方、自信坦誠。表面上，他們和我們一樣，平時普普通通，正常上下班，只是在工作以外的時間，他們比我們更認真，一直在堅持進修，堅持提升自己。

雖然聽別人說這一切很簡單，甚至會讓你覺得很不爽，但不得不承認，這番話說得很有道理。很多人總是羨慕別人能夠過得從容輕鬆，但是投入一件事情時，常常十萬火急，總是試圖用最少的時間，最少的努力，得到最好的結果。結果就是，我們把自己弄得疲憊不堪，忙得連頓飯都沒時間吃，連家人都沒時間陪；或者實在是無法再堅持下去，而中途放棄了。

但真相是什麼？我們太急功近利了。總想用最短的時間減肥，用最短的時間練出肌肉，用最短的時間學會一門技能，用最短的時間成功，卻不知道世上還有輕鬆努力這回事。

*　*　*　*　*

中國童話大師鄭淵潔每天早上四點半開始寫作，六點半結束，然後一整天的時間都可以做任何自己想做的事。他一個人支撐一本雜誌，書一本接一本的出，是位名副其實的高產值作家，也許你會以為，他肯定忙得沒時間吃飯，可是他卻說，他是這個世界上最清閒的人。

每天兩三個小時，看似很短，關鍵是，一年三百六十五天，人家從未間斷。因為每天寫，便養成了習慣，往電腦前坐的那一刻才不會覺得痛苦，幾十年堅持下來，完全可以創造奇蹟。試想，如果一個人能夠每天拿出兩三個小時，認真去做一點自己熱愛的事業，這個事業就一定不會只以「想像」的形式存在這個人的腦海中，再怎麼龐大的事業，都會因為這兩三個小時的努力，而擁有很漂亮的結果。

＊　＊　＊　＊　＊

時間是最公平的，不同的結果來自於不同的使用方式。一天二十四小時，沒有誰能多一分少一秒。有限的資源，你花在休閒無聊上，便沒精力再提升自己。那些看起來走得比你快、獲得成就的人，不過是比你更早意識到這一點，然後選擇將時間投入自己的目標領域。如果說有祕訣，那就是從不間斷。

為什麼很多人總是把生活過得兵荒馬亂，所有的享受都被摒棄，這些跟你一天做了多少事並無關係，重要的是你每天堅持做了哪些事。我們都知道，任何事情不可能一蹴可幾，如果你偏要一個月內減肥成功，偏要一個月內寫上一百萬字，偏要一個月內背誦一萬個單字，你肯定會忙得不可開交，肯定沒有辦法輕鬆從容。如果你把這些事情切成無數個小塊，每天都做一點，就不會感覺到痛苦，沒有壓力。

所以，想過得輕鬆從容，最好的辦法，就是養成良好的習慣，不慌不忙，每天進步一點點。要知道，只有長久的堅持，才是真正有意義的。

02

活出自己的精彩
世界才會對你溫柔相待

Amy，不論身材和顏值，或是聲音和神態，都美好如少女，其實她已經是一個不惑之年的女人，也是大家口中的美魔女。她畢業於國內一所有名的中文大學，後來又在歐洲名校讀完碩士、博士，就職過的公司幾乎都是知名企業，拿高薪休長假。

從上大學開始，她就靠著打工支付讀書和旅行的費用，一個人跑遍了大半個世界。可說是真真實實的讀了萬卷書，又行了萬里路。可是她卻常說：「不會生活，讀再多的書都沒用；沒有愛，走遍世界也沒用。」Amy 在剛剛好的年紀結了婚，育有一兒一女。先生畢業於名校，她錢包裡的照片上，先生高大帥氣，兒女天真可愛。

在這種見多識廣的女人身上，總是閃爍著自律而謙和的光芒。可是，很多人的第一反應，往往是她一定單身吧？所以才會有那麼多的時間讀書、旅行，隨心所欲的做自己。何況，女人到了不惑之年，怎麼還能有什麼少女心呢？

生活中，會說這種話的人，總喜歡按照自己固有思維充當弱者的角色。更有甚者，自己不努力也就算了，還看不慣別人的奮鬥與努力。

當有人說要存錢出去走走時，他們會說：「算了吧！你怎麼可能存得了錢呢？」若是別人努力學習外語，他們會說：「得了吧，也就一兩天的熱度。」別人說要去健身運動，他們會說：「哼，早點注意飲食不就不會胖了嗎？」別人準備開公司創業，他們會說：「哎喲，新創公司那麼多，最終活了幾個啊？」

抱歉！你可以不去嘗試，但是請你不要妨礙別人的生活。這並不是一個你弱，所有人都得陪著你弱的世界。你弱，但無法阻止別人變強，這個世界不會因為你弱，就對你溫柔相待。而一個人的成熟，是知道自己想要什麼，並且為之去奮鬥，同時，也會尊重別人的追求，即使和自己不同，也會願意去理解。

其實，不管人生到了什麼年紀，只要你伸出雙手去爭取，總能收穫意想不到的驚喜。別總是羨慕別人的生活如何輕鬆瀟灑，你也應該活出自己的名堂。生命的長與短，由老天決定；但是生命的重與輕，由自己決定。把自己的日子過得風生水起，才是正經事。

*　*　*　*　*

人這一生，最精彩的生活，莫過於在該做什麼的年紀就去做什麼，就算你曾經錯了、痛了、傷了，這都不要緊，重要的是我們什麼都沒錯過，正能量自然會慢慢充滿你的心間。有時候，曾經令你覺得最困難的決定，往往最終會成為我們做過最漂亮的事情；曾經以為最艱難的人生境遇，往往最終成為我們活得最漂亮的時光。你活得漂亮了，世界自然會對你溫柔相待。

小時候，我們總想快快長大，以為長大以後，就能做自己想做的事情，於是不惜一切代價，拚了命的快快成長。可是當我們應該告別青春的年歲，才突然發現，原來我們沒有了當時的初心。長大後的我們，總是忙忙碌碌於生活與工作之間，忘了年少的願望，像一個陀螺一樣，在原地不停的打轉。

我們的生命有限，青春更是短暫，趁年輕，趁青春還在，何不多經歷一些事情，讓自己的人生更加精彩，不留下遺憾。雖然我們不能選擇何時降臨在這個世界上，不能選擇父母是誰，也不能選擇自己的出生地與成長環境。但是，我們可以選擇，要成為一個什麼樣的人、過怎樣的人生；我們可以決定，什麼才是生命中最重要的事。

03

明天的你是什麼樣
取決於你今天的態度和作為

小華說他要結婚了。照片上，一張英氣俊朗的臉，寫滿了幸福和滿足。旁邊的準新娘倚著他，笑得嬌羞，卻是大方。喜帖下方有一行字寫著：我們不是對方的夢中情人，卻是彼此想要執手偕老、走完一生的人。

三年前，小華自認為找到了他的夢中情人，房子買了，雙方家長見了，喜帖也送了，可是女方突然覺得心裡不踏實。當時，小華第二次考研究所落榜，每天幫爸媽打理自家的雜貨店。

小華不想辜負了女友，對她說：「妳現在後悔還來得及。」

女友思忖了一週，說：「要不然，先

算了吧。」

女友從新房搬出去的那晚，小華喝了很多酒，心裡一直問自己：為什麼別人能跟喜歡的人在一起？為什麼別人能考上研究所？我也夠拚了，為什麼人生贏家不是我？

相信很多人都有過這些疑問，從考大學、找工作，到有了自己的家庭，我們就一直活在「別人家的孩子」的陰影裡。日子過得馬馬虎虎、差強人意，卻真真實實的看到身邊有許多人，擁有我們拚盡全力也得不到的東西。所以，很多人疑惑了，如果總是有人會贏的話，為什麼偏偏不是我？

那段時間，小華常常一個人跑到他和前女友曾經牽手散步的河邊。但這樣的情形並沒有持續太久，很快他又把自己時間排得滿滿的，白天進貨守攤，晚上關在房裡看書複習，一熬就是凌晨兩三點。

朋友勸他，「何苦這麼難為自己？」小華只是淡淡的答，還沒到完全無能為力的時候，不想就這麼放棄了。遺憾的是，這一次，小華依然榜上無名。也許他天生就不是那學習的料，這次他說服父母，去一家公司擔任行政助理，常常跟著老闆出差。

在一次差旅中，老闆給小華一份即將要簽定的合約，讓他再校對一遍文字。沒想到，他檢查時候發現，合約中有一處容易引起歧義的表述。因為小華的及時提醒，堵住了漏洞，否則公司可能損失數百萬元。

此後，老闆對小華刮目相看，晉職加薪接踵而至。接著，小華也如願考上名校的法律碩士班，並且遇到了他想要牽手走完一輩子的人，成為讓其他人羨慕嫉妒的「別人家的孩子」。

也許你會說，小華只是運氣好，換作別人也會有同樣結局。可是，你知道嗎？小華哪算是運氣好，因為光是要考法律碩士，他已經足足準備了三年。

*　　*　　*　　*　　*

人們常說，年輕就是本錢，因為年輕，所以有無限的可能。這句話，也許只對了一半。年輕不是本錢，年輕又努力才會成為本錢。清楚自己想要的，然後一步一步接近目標，當然，還要有不輕易認輸的勇氣，以及迎難而上的韌性。

那些走得更遠的人，不是特異於常人，只是每天比別人多走了一點點。二十幾歲的年紀，我們迷惘又著急。可是仔細想想，原來只要每天腳踏實地多走一點點，不輕言放棄，終會有出頭之時。

生活中總會有很多這樣的例子，在離成功只有一步之遙的時候，很多人選擇了放棄。現在很多大學生畢業選擇考研究所，可是這一路並非一帆風順。很多人由於經受不住考試的壓力，在考試的準備過程中幾度崩潰，無法繼續。

壓力，是人總會有的，關鍵在於如何處理和轉化。既然設定好了目標，就應該做好承受壓力的準備。越是想做，越會充滿鬥志和力量；越是放棄，越沒有成功的可能，哪怕成功都會遇到困難。

生活有好就有壞，你願意去感受的那一部分，就是你的人生。如果碰到一點壓力就覺得不堪重負，把前途描繪得黯淡無光，那麼即使花樣年華，豈不也是空付流水？努力，並不輕言放棄，總會有一條路能帶你走出去。

一個目標清晰、百折不撓的人，注定會成功！你要能坦然接受命運的捉弄，即使遭遇困頓也不放棄任何變好的可能。明天的你會是什麼樣子，完全取決於你今天的態度和作為。

04

你活了一萬多天
還是一萬多次

我們常會發現自己一直處於同樣的狀態，在特定時刻看到同樣的人，遇到同樣的事，聽他們對你說同樣的話……無論你怎麼改變，這些人和事還是會依序一絲不苟的出現。

從每天起床的那一刻起，你就自動進入昨天的「日程設定」：洗漱、打扮、吃早餐、上班、對主管點頭彎腰……先後順序、動作習慣都與昨日一模一樣。如果你開車，在某個拐彎處，你甚至會發現，拐彎的地方、角度都與昨天並無兩樣。

人活著，日復一日的吃飯、打扮，努力年輕，用力微笑，把日子妝點成安全的色調。如果這些是一個人成長的必修課，我覺得這並不可悲。可是，我們又時常有這樣的感覺，自己還沒怎麼過日子，這日子就過去了，這種感受有點像是剛剛睡著就被叫醒似的，睜著迷迷濛濛的眼睛。

＊　＊　＊　＊　＊

現在很多人都不快樂，感覺生活令人厭倦，一眼就可以看到頭。像是在一家公司上班，為了退休金，五十歲就看到了六十歲，可能六十歲就得了癌症，然後動手術，一輩子就這樣過了。確實，大部分人都是過著日復一日、年復一年的重複生活，然後幻想著不一樣的今年。反覆歷經著每一天，既沒有改變，也沒有驚喜可言，我們總是從不走心的望著人生千奇百態，就像一日三餐吃過總還有下一頓一樣。

一個人最大的惰性就在於「習慣」，當你習慣了上班、睡覺、再上班、再睡覺的重複重複生活後，似乎一切都是那麼理所當然。正如詩人安妮·狄勒所言：「我們度過一天的方式，就是我們度過一生的方式。」

然而，就在我們覺得一切都是那麼理所當然的時候，內心深處總是會有一絲不安，生活似乎不應該如此。其實，世界上沒有一條道路是重複的，也沒有一個人生是可以替代的，每一個人都在經歷著只屬於自己的生活。

人這一輩子，扣除睡眠時間，只有一萬多天，你是真的活了一萬多天，還是只活了一天，卻重複了一萬多次？就以工作為例，很多時候我們以為有了按部就班、還算理想的工作，生命就有了意義和保障。可是生活不是只有玫瑰色，很多時候，我們需要站在玫瑰色上去看看別的顏色，並不時的把別的顏色拿過來和玫瑰色混搭，看看能出現什麼新花樣。

未來的生活可能雲霧繚繞，也可能礁石暗布，也可能是一片綠洲。可是，人生苦短，何必把自己限定在一種重複的風格上，這也是一種浪費，更改變不了什麼。

*　　*　　*　　*　　*

生活需要重複，但不能重蹈覆轍。那麼，怎麼擺脫這種重複的命運呢？就是你的生活能夠不是一眼就看到頭的。也許很多人會說，我就是個普普通通的人，只想安安分分的過日子。

仔細想想，那只是你的錯覺，其實你每天一再重複的那些行為，就是在塑造你，你不想成為什麼人，可是你注定會成為什麼人。如果你把每天的自我時間都用來追劇、網購、玩臉書，那麼幾年以後，你注定會變成一個生活的旁觀者，而你最擅長的，就是如數家珍的說起別人的成功和失敗。

值得欣慰的是，有些人總是不願意向命運妥協，把每一天都過得跟昨天不一樣。在他們的眼裡，重複，意味著有大量時間，可以去學習和做自己喜歡的事情，無論是鋼琴、書法，還是舞蹈、廚藝。哪怕是把注意力專注於每一天：每一頓早飯，每一次晨跑，每一通電話，每一封郵件，每一筆開銷，每一次承諾。

一切美好的終點，都源自於重複，並且是簡單枯燥的重複。鋼琴家要從音階開始琴鍵的步行；書法家要從橫豎撇捺中啟動手的靈魂；芭蕾舞者要從八位站立和指尖擦中演繹流動的魅力……而這些人，正是在重複中慢慢看見自己的變化，獲得力量，獲得陽光雨露，獲得重生。

過日子，並不再是庸俗的事情，而是對每一天的生活負責。如果你對人生有厭倦，重複也是最好的修煉。

你可以選擇麻木不仁的把每天當作一天的活著，同樣也可以選擇精彩、快樂的活好每一天。如果我們的每一天都與眾不同，還有明天可以憧憬，有什麼理由不去好好過呢？

05

你是誰不重要
重要的是你有什麼

他是一位高階主管，在國際前四大知名的會計事務所工作了十幾年，在裁員風波的影響下，也沒能躲過這一遭，生活瞬間陷入迷惘，一夜之間毫無選擇。

也許很多人會感到詫異，這怎麼可能呢？這麼優秀的履歷背景，去哪兒不能東山再起？可是現實就是這般殘酷，雖說這位高階主管擁有十餘年的工作經歷，可是他負責的工作只是人力管理，工作又十分繁忙，再無其他專業上的建樹。所以，可以選擇的範圍非常有限。

另外，有些跟他過去工作規模相當的公司，會把同樣的職位，留給相對更年輕、更有培養價值的年輕人，畢竟成本是考量之一；至於較小一些的公司，又無法提供給他與往日相同的薪資。所以，一夜之間，他站在高不成低不就的位置上，又因可選擇的圈子太小，而無法輕易突出重圍。

我們在社會中的頭銜，都是社會所賦予的，比如我是哪家公司，我是某大媒體的撰稿人，我是哪所名校的老師。可是如果有一天，你不是這個公司的員工了，不寫文章了，不講課了……那麼這些頭銜全都不會存在，那個時候你還剩下什麼？

＊　＊　＊　＊　＊

一個人想要過自己喜歡的生活，就要有能過上那種好日子的本錢。正如一個人想要愛我，就要有愛我的資格。而那些資格和本錢需要後天積累打磨，滴水穿石並非一日之功。你的存在，源於你能給別人的預期。面向社會，練就一項技能，並不是教你功利，而是讓你能適應這個紛繁複雜的快節奏社會。如果沒有一個拿得出的技能或專業，你怎敢大言不慚的去成日期待著那個「理想中的生活」？

可悲的是，現在很多人常常抱怨就業難，尤其是理想主義和完美主義尚存的人，永遠覺得自己的心比世界給予的機會大得多，在他們的眼裡，最適合自己的位置被別人占著，被安排的位置卻自己又不喜歡。如果你始終有點「懷才不遇」的憤慨和壓抑，是不是應該換個角度，想一想，自己的能力到底有沒有到位？

現在每個人都在講「安全感」，其實最大的安全感，就是不被這個社會所淘汰，更重要的是，不被那個對生活有要求又嚮往的自己淘汰。我們有理由相信，一個有一技之長，並能為之持續付出心力和精力的人，完全可以憑這一技之長過著自己喜歡的生活，為自己贏得新的人生。

當大家都在談論一個所謂好的工作對於生活的意義之際，一個足夠專業的技能可以讓你的生活不受時間、地域的限制；一個足夠專業的技能，可以在一萬個小時之後的歲月裡，讓你有機會按照自己的意願過一生。如果你還有時間，請花點時間專注於自己喜歡並擅長的事情上，即使它與眼下的工作與生活看似毫不相關，而不是讓被窩成為青春的墳墓。

* * * * *

劉墉曾經在他的隨筆《螢窗小語》中寫過這樣一件事：「當我十三歲那年，家遭祝融，一夜之間燒成了平地，父親生前珍藏的書畫，我珍視的各種獎狀全沒了。當我在斷垣殘壁和餘燼廢墟間，拿著小鏟子想找點殘存的東西，卻毫無收穫時，幼小的心靈真是覺得前途茫然……而今我已不再那麼怕火了，我常想，即使大火今天焚毀我所有的書畫，只要我逃出去，明天提起筆，不是又有新的作品了嗎？」

的確，擁有一項技能可以說是生存的必要條件，而且只有自己的知識、學問和技術是別人拿不走的，所以家財萬貫，不如一技在身。而萬貫家財也早晚會有揮霍一空的時候，只有一技之長才能讓我們獲取財富，留住財富。或許有朝一日，那些曾經付出過的努力，會還給你一個別人只曾聽聞，卻未曾觸及的人生。

06

可以不轟轟烈烈
但要活成自己喜歡的樣子

小柔自大學畢業後進入職場，由於性格活潑開朗，再加上大學時曾擔任學生會宣傳單位幹部，積極參加各種活動，所以對陌生環境的適應能力極強，人際溝通能力也很不錯。上班不久便和同事們打成一片，很受主管和同事們的歡迎。

本來明朗的工作前景、和諧的工作環境，讓小柔覺得一切甚好，工作起來也得心應手，信心十足。直到有一天，一位和小柔同期進公司且關係不錯的同事告訴她，好幾個新人在背後說她年紀輕輕，盡會使一些手段，把同事和上司哄得團團轉。聽到這些，小柔委屈得眼淚差點掉下來。她覺得自己待他們與其他人都一樣，為什麼他們會這樣想？

行走在人群中，我們總是會因無數利劍般的目光，還有蜚短流長的冷言冷語而亂了心神，漸漸被束縛於自己編織的一團亂麻中。從穿著打扮到言行舉止，從工作態度到工作方式，我們小心翼翼的處理每一時刻的自己，迫切渴望得到周圍所有人的認可與肯定。

＊　＊　＊　＊　＊

也許你喜歡藝術，可是就算家人同意，你還是要面對太多質疑，並且擔心學成之後，是不是能混一口飯養活自己，又或是自己的才能被埋沒，一事無成的度過一輩子。

也許你已經到了結婚年齡，不想對家裡的壓力妥協，不想相親結婚，可是你依然要面對父母、七大姑八大姨，甚至是這個社會的各種指指點點。最後卻發現無論自己如何努力，哪怕最後你得到了九十九個人的認可，第一百個人仍會對你冷眼相待。

然後，「做自己想做的人」、「努力爭取自己想要的」、「走自己的路，讓別人去說吧」，我們開始為這樣的話所動容，相信透過一番努力一定會有所改變。可是這個世界實在有太多的束縛和無奈，不是靠一碗雞湯或者一句口號就可以解決。

儘管生活總會有這樣那樣的束縛和無奈，讓你停留在原點，或做出自己原本不想要的選擇。但是你卻忘了，萬物都有多樣性，每個人的審美眼光與思維方式都不盡相同，在對待同一個人或同一件事情時，也會做出不盡相同、甚至截然相反的評價與結論。換句話說，無論你怎麼做，都換不來他們由衷的肯定與喜歡。所以，當大部分人都認可你時，又何必去在意那幾個遺憾的看法。

的確，我們是活給自己看的，並非給別人看。在這個世界上，總會有人喜歡你、讚美你，同樣也會有人討厭你、傷害你。你越是在意別人的看法，越是介意別人的評價，就越容易受到周遭環境的影響。世界從來就不存在完美的事物，接納自己的不完美，就是一種自我圓滿的方法與手段。而且一個獨立自信的人，本身就擁有自主的價值觀，他們會透過努力去實現自我，演繹自己人生的精彩。只有自卑的人，才會迫切的想要活給別人看。

* * * * *

所以，與其絞盡腦汁卻又徒勞無功的想著，如何活成別人喜歡的樣子，不如努力活成自己喜歡的樣子。如果自己喜歡的，碰巧也能得到他人的共鳴，那自然是好；但如果只是為了迎合別人的喜好，而改變自己的初衷，那真的是一件讓人覺得非常幻滅的事情。

記住，在這個世界上，沒有和你一樣的人，你就是一種獨特的存在。你只能以自己的方式歌唱，只能以自己的方式繪畫。你沒必要活成所有人喜歡的樣子，也永遠活不成所有人喜歡的樣子。

07

不經審視的人生
不值得一過

我們總是習以為常的反覆思考同一個問題：怎樣的人生才算圓滿？錦衣玉食、高官厚祿的光芒萬丈，還是粗茶淡飯、男耕女織的平凡？其實關於這些問題，你永遠也找不出一個標準答案。而無論你憧憬怎樣的人生，唯一不能放棄的東西便是「夢想」。

＊　＊　＊　＊　＊

我曾收過一封讀者來信，內容大致是這樣的：

「我是一名即將畢業的大四生，現在我一點方向都沒有，之前有設想好的人生，但是現在卻一點都沒有實行，或許是我想的太不實際了，或許我覺得自己十有八九會失敗，或許我覺得自己的致命弱點就是太懶了。但問題是，我現在什麼都沒在做，整天渾渾噩噩的，我自己都不滿意目前的現狀。原來的我，是個很 happy 的人，卻因為迷惘著自己的未來，最近卻一點都開心不起來。」

我試問這位讀者：「你喜歡做什麼，覺得自己能夠做什麼呢？」

對方回答：「我不知道啊！我喜歡旅遊，所以很多人都對我說，你去做導遊吧！但我不想做導遊，太累了。但是我還能做什麼呢？我現在嚴重懷疑自己的能力，自己到底要什麼呢？」

不知道自己到底喜歡什麼，想要做什麼，做個什麼樣子的人，這些問題同樣也是很多人曾經有過或是現在還深陷其中的困惑之一。小時候，我們都有一個屬於自己的夢想。當個科學家，成為醫生，或是成為一名大老闆……然而，當生活磨平了我們所有的稜角，夢想卻被我們無情的淡忘了。當我們回首青春才發現，原來的道路已不在，你的堅守不知何時早已消失不見。

＊　＊　＊　＊　＊

夢想是什麼？夢想，是一個人內心真正的熱愛；夢想，是一個人願意為其吃苦受累，卻仍然感覺幸福快樂的追求；夢想，是使一個人每天朝氣蓬勃活著的內在動力。

然而，在以金錢來作為衡量成功唯一標準的人看來，一提到「夢想」，立刻就會有人站出來反駁，夢想能值多少錢？夢想能當飯吃嗎？夢想買得起房子嗎？

雖然我們不能肯定的說，夢想能讓人吃飽穿暖、衣食無憂，但是面對生活中的艱難困苦，一個心懷夢想的人，最起碼可以每天不再活得渾渾噩噩。畢竟人還是需要找到一種東西，能讓自己驕傲的站在大地上。有夢想，人性也會發光。

在二十出頭的年紀，不知道自己想要什麼是一件極其正常的事，也是一件幸運的事；因為當你有了困惑之後，才會去思考，才會尋找自己想要的東西。但是你必須了解自己對什麼感興趣，願意把時間投入在哪。如果你連自己對什麼感興趣都不知道，那確實有點可怕，如果一個人連對自己最基本的了解和認識都沒有，那要如何認識人生和世界。還是那句永恆的雞湯，如果你覺得自己平庸，記住，那是你讓自己平庸的。

生活是自己的，自己都不求進取，憑什麼要別人給你美好的未來。

＊　＊　＊　＊　＊

雖說找到自己喜歡做的事情，知道自己熱愛什麼很重要，但是你有沒有發現，職場中有許多人在同一職位一做就是七、八年，拿著不高的薪水，仍然處於基層，眼看別人都被提拔重用了，他們還是原地踏步，被各種糾結、埋怨困惑著。難道這些人不努力、不勤奮嗎？

那我們來好好審視一下這些人的現況吧！他們每天按部就班重複昨天的工作，日復一日，年復一年，雖然心裡知道明天依然要重複今天的事情，但從未想過，是不是還可以做點什麼？假如有一天離開這個工作，還能做什麼？有什麼能力養活自己？過著這種生活，是因為他們選擇安於現狀，或者始終都不清楚自己想要的到底是什麼。

整天被生活拖著走的我們，就像被上了發條一樣，時間久了，就會忘記思考的能力。接著，忘記出發的原因。那句「人一定要有夢想，萬一實現了呢？」雖然已經是陳腔濫調的勵志語錄，但每一個人真的可以靠自己的力量，去改寫自己的人生。你讀過的書，學會做的事，也許在當下對你並沒有太大幫助，但是在未來的某一天，你會發自內心感謝自己曾經學會這些東西。而且這更是意味著，多學會一樣東西，就少一件需要求人的事。

所以，你的職位、起點在哪裡並不重要，重要的是你的心在哪裡，想往哪方面努力；你的眼光在哪裡，想朝什麼方向發展。就算有一天，你離開了重複性的工作，你也可以很輕鬆的自主創業。至少，你很清楚自己明天應該做什麼。

夢想與真實都是人們渴望的，生活並非沒有選擇。雖然我們都很渺小且無奈，但每個人心中都有那麼一點明亮刺眼的光，用自己的姿態，享受夢想帶給你的快樂，嘗試不一樣的人生，這何嘗不是一種精彩呢？

08

做你想做的事
哪怕並不那麼容易

二十幾歲時，你想要開始學習一種運動，有人說：「太晚了，你的骨骼已經發育完，現在學來不及了。」三十幾歲時，你說要開始學寫東西，又不無擔憂：「還來得及嗎，是不是晚了？」

能找到自己真正想做的事情是多麼難得，為什麼不撇開這些懷疑，勇敢的做一次自己，做你真正想要做的事情。

生活中，有不少平凡人用自己的方式做自己喜歡的事。喜歡寫作就堅持寫下去，平時多看書，多關注高人氣的文學平台；喜歡攝影就多拍一些好作品，自學修圖技能，和高手切磋；喜歡畫畫就學習繪圖軟體，每天擠出時間學習技巧。

也許有人說你的夢想不切實際，有人說你的夢想胸無大志，也有人對你的夢想不屑一顧，那就不要去解釋，不要去管那些人。也許你的夢想在他們眼裡不值一提；但對你而言，卻是最珍貴、最重要的東西。因為外人不知道，一個人的夢想也許不值錢；但是一個人的努力，無價。現在的我們可能沒有令人佩服的經歷和成就，但是誰能保證，憑著一腔熱血前進的我們，未來不會成就一番事業呢？

* * * * *

前些年，有一位日本收納達人登上《時代週刊》的全球百大影響人物，引起不小的轟動。她就是近藤麻理惠，也是《怦然心動的人生整理魔法》一書的作者，該書在全球售出了兩百萬冊，在海外也成為熱門話題。

你可能無法想像，近藤麻理惠是以「整理收納術」當職業，連「收納」都能獲得這麼大的成就。而一開始，她只是一個從小喜歡整理的小女孩，沒想到，她長大後把自己的喜好經營成了一門藝術、成就一番事業。

近藤麻理惠從幼稚園大班開始，就非常喜歡打掃、整理、烹飪與裁縫等家務事。後來，因《丟棄的藝術》一書，從此對收納術產生濃厚的興趣，於是全心投入研究整理收納的技巧之中。大學期間，還開展了自己的整理諮詢業務，連畢業論文的題目都與整理收納有關。如今，近藤麻理惠已成為日本收納達人，事業進行得如火如荼，還成立了整理學校和整理協會。

雖然我們常常談及夢想二字，但很多時候我們並不知道夢想到底代表著什麼意義。有時，夢想是掛在嘴邊的說辭，心血來潮時的口號；有時，夢想是帶著正能量的標籤，意味著執著的努力、涅槃後的重生、堅持的信仰。很多時候，那些嘴上說著「我有夢想」的人，大概永遠都不會成功。因為真正心懷夢想的人，會用一顆堅持的心，編織一個美麗的夢。

在人生最青春、美好的年華裡，你若將時光付給了自己的熱愛，你的熱愛終究也會將最好的東西贈與你。一個對收納如此摯愛的人，她的人生自然不會了無生機。你若覺得人生實在是平淡乏味，只能說你從未真切的熱愛過什麼，既然來人間一趟，就不要輕易放棄夢想——人一旦沒有夢想，便成了死氣沉沉的軀殼。

在一段勵志視頻中，一個法國男人在兒時看過《消失的地平線》這本書後，便一直懷著對書中香格里拉美景的嚮往，這位男人長大後毅然背起行囊，在離家一萬多公里的地方一待就是十六年。

在這十六年的時間裡，他遵從內心，選擇回歸田園詩人般純粹的生活，終日讀書勞動、振筆寫作，因為是自己內心的嚮往，所以他絲毫不去理會他人的非議。他說：「我希望自己心裡永遠住著一個孩子，永遠有一顆赤子之心，永遠追尋著童年的美好夢想，我的那些探險經歷和少數民族的往來都是源自這一點。」夢想，是倔強的長在我們心上的執念，這樣的執念不應為了名，或是為了利，它只關乎你的熱愛。

這不是一個關於夢想的煽情故事，只是一個平凡人力抗庸俗人生的故事。這個男人並沒有刻意的在尋找，只是自然的跟隨自己內心，在這片土地上留下一行行的足跡。

我們常常會貪戀世間的繁華，然而在繁華散盡後，卻不免暗自神傷。其實，繁華、功名利祿並非永垂不朽，在你有限的生命裡，唯一不會被奪走的，就是你在追求夢想

* * * * *

的路上所留下的足跡。

＊　＊　＊　＊　＊

賈伯斯生前曾受邀在史丹佛大學的畢業典禮上演講，他說道：「有時候，生命會用磚塊打你的頭，但不要因此失去信念。我深信，唯一使我繼續向前的是，『我熱愛我所做的事。』至於你，也必須找到自己所熱愛的事物；這句話不僅適用在工作上，也同樣適用於你的愛人。」

就像賈伯斯所說，唯一支持著我們前進的理念是「愛你所做的事」。也許有些人年輕時候有夢想和信念，再用往後很多時光去忘記它們，或者背叛它們。也許有些人有夢想卻沒有實現，因為他們差了那麼一點點堅持。

賈伯斯在演講中還提及，「你的工作將占去生活的一大部分，而唯一能讓你從工作中獲得真正滿足的辦法，就是愛你所做的事。假如你還沒有找到，就繼續找吧！如果你還沒找到你想做的事，就繼續找，千萬別屈就於自己不喜歡的事。用盡所有心力去找，相信你一定會找到。而且就像那些美好的愛情一樣，它會隨著歲月的增長而越加醇美。」

上帝總是眷顧持續努力的人。可能你現在做的事，並不是自己感興趣或熱愛的，但是既然做了，那就試著讓自己愛上它吧！當你愛上它以後，你會發現，原來並非自己想的那麼無趣。找到你的熱愛所在，使其成為夢想，然後努力實現一切，這是讓你免於迷惘，免於不安與焦慮，免受人生虛無感折磨的唯一途徑。

09

從現在開始馬上做
而不是站在旁邊看

天氣剛入夏，小花就開始想著要學會游泳，還可以同時泡水消暑。她先上網買了泳衣、泳鏡、救生圈等裝備，然後研究網上游泳教學的視頻，之後，特別參觀了幾家頗有規模的游泳池，找專業人士請教學游泳的一些情況，從游泳課程的安排、班級的規模到老師的水準，以及游泳館的設施和環境，她都了解得一清二楚。

只是，等小花準備充分，認為自己可以開始學游泳時，竟然夏天已經不知不覺的過去了。她做了漫漫長夏的一系列準備，卻連一次水都沒有下過，從此，她的那些裝備連同想學游泳的熱情，也一併被放進了衣櫃中。

很多人會說：「我要是不先準備好這些，到時候做錯怎麼辦？」很多事情都不能只憑想像和他人描述，就能明白箇中滋味。尤其是游泳，你非得親自上陣不可，就算做錯了也可以改變和調整。否則結果就像小花一樣，永遠也無法下水學游泳。

＊　＊　＊　＊　＊

生活中，我們常遇到有些人信誓旦旦的對你說：「互聯網時代到來了，豬都飛了，再不創業就來不及了。」結果過幾年又遇到他們，還是在喋喋不休的聊創業夢想。

還有些人，總是滿腹牢騷的說，自己要辭職了，抱怨公司這不好那不行，實在受不了了。結果幾年過去了，也沒見他們辭職，卻還在不停的嘮叨，「受不了了，必須要辭職了。」

還有一種人，懶得去跑步，就說沒有買到喜歡的運動鞋；懶得去旅行，就說還沒有買到心儀的相機和鏡頭……凡此種種，我們總是給自己找了很多理由，當作不去開始某件事的藉口。

選擇自己喜歡的生活方式，需要一種非凡的魄力和勇氣。很多事情，只要開始邁出第一步，就根本停不下來。但前提是，你要開始。

可是我們身邊也總會有一種人，他們在你還幻想著要來一次說走就走的旅行時，已經拍到你最想去的景點照片；在你一次次推遲減肥計畫的時候，已經瘦了五公斤；在你發誓要多讀書、多學習的時候，對方已經讀了上百本書……

很多時候，我們都想走一步，就能看到未來很多步，甚至看清未來生活的輪廓，其實這都是我們美好的願望。如果做什麼事情都要等到萬事俱備，準備百分百後再行動，萬一遇到一直都無法俱備的情況怎麼辦？難道要一直等下去嗎？

西方有句諺語：「Waiting for life is waiting for death.」意思是說，等待的生命就像是等死。就像想學游泳的小花一樣，準備了整個夏天還沒有游過一次泳。或許用她準備的那些時間來練習游泳，她早已學會，早已享受到炎熱夏日戲水的樂趣了。

* * * * *

想法每個人都會有，但如果不付諸實踐，那就真的只是空想。就像每個人都想過著幸福美滿的生活，可依然還是有人過得落魄貧窮。為此，我們能做的就是拚命努力，把所有瞻前顧後、患得患失的時間都用來努力實現，至於結果如何，生活自然會給我們答案。如果我們不邁出第一步，天天坐在家裡用腦子想，不但沒有結論，還會錯過最好的時機。

每一個成功者，都有一個開始。勇於開始，才能找到成功的路。如果真的決定要開始一件事，就讓自己勇敢上路。只有先把你的帽子扔到牆的另一邊，你才會爬過這道牆。如果已經決定出發，就不要把生命浪費在猶豫上。因為所有的偉大，都源自一個勇敢的開始。

10

成功的相反不是失敗
而是什麼都不做

有句話說：「年少時我們不敢嘗試，害怕摔了跤。後來我們不急著嘗試，覺得青春正好，一切都來得及。最後我們不願嘗試，覺得天色已晚，不如迷糊著趕路。於是，『不嘗試』成為我們的處世哲學，從此窩囊著、忍耐著過完這輩子。」

我們這一代，對於「預設的人生劇本」大都處於默認的態度。書讀得不少，也吸收了挺多，只是聰明到不敢試錯。我們還沒有見過海時，就知道該在海灘上用手指寫下姓名圈個愛心；我們還沒有見過山，就知道要在登頂時高高跳起，抓拍矯健身影。其實，我們從來都只是身臨其境，沒有試過從安全區越境。

很多時候，成功的反面不是失敗，而是什麼都不做。雖然這句話看起來有點美式思維，但是當你遇到難事，猶豫要不要挑戰時，這句話總能給你帶來勇氣和力量。不管什麼都去嘗試、去感受，這樣在面對「接下來該怎麼辦」的問題時，腦子裡才會不斷湧現出各種想法。

如同戀愛一樣，如果你喜歡誰，就會和這個人打好關係，想要交往，就會去思考很多問題。例如，「怎麼做才能每天都見到對方？」於是，你會打聽她的上下班路線。「怎麼做才能說上幾句話？」於是，你會探究對方的興趣與愛好，以便把握住邀請對方的機會。

其實，每一次成功的開端都是一種嘗試，若不是開始嘗試著去做某件事，最後也不會成功。嘗試的過程可能是痛苦的，而且令人想放棄，甚至自責，懷疑自己的能力，但只要你還願意嘗試，或許前面那扇成功的門就是虛掩的，等著你向前推開。

* * * * *

被譽為「飛人」的麥可．喬丹，是籃球史上最偉大的運動員之一，他曾帶領芝加哥公牛隊獲得六次NBA總冠軍，帶領美國隊獲得兩次奧運會冠軍，他自己則獲得五次常規賽「最具價值球員」、六次總決賽「最具價值球員」稱號。他的傳奇經歷，連同他扣籃時的吐舌動作，都被球迷們津津樂道，稱他為「披著23號球衣的神」。

但是在一次記者採訪中，喬丹卻說：「我起碼有九千次投球不中；我輸過不下三百場比賽；有二十六次，人們期待我投入制勝一球而我卻失誤了。我的一生中，失敗一次接著一次；這就是我能夠成功的原因，因為我從來不會害怕失敗，我可以接受失敗，但我不能接受沒有嘗試這件事。」

在採訪中，他也回顧了打球造成的傷害，曾帶給他的肉體苦痛；為了一圓兒時的夢想，他曾中途離開NBA去打棒球，在場上被噓的尷尬經歷，這讓他知道自己不是全能的，但也不會為了嘗試而懊惱；還有在華盛頓巫師隊被質疑、被出局的困惑與掙扎。然而，幫助他走出困境的，卻是父親當年講的一句話：「誰都會遇到倒楣事，而你的任務是，想辦法把壞事變成好事。」

沒有人永遠會是贏家，只是他付出了與常人不一樣的努力；也沒有人注定會成為輸家，除非停止嘗試。不管什麼事情，都要去嘗試、去感受，即使結果不好，但是透過這些嘗試，你可以學到許多知識，這無疑也是另一種成功。事實上，那些我們認為是阻礙的挑戰，總會讓我們變得更強壯。你要接受這樣的可能性：今天的障礙或許是明天的優勢。

*　*　*　*　*

當你感到生活枯燥乏味，你有沒有想過，去嘗試一些新的事物？想想那些你生命中一直想做的事，像是看到一件新款的外套，你會想「穿上試試」；看到一家新開的餐館，你會想「進去嘗嘗」；遇到一個好女孩，你會想「交往看看」。

也許這件外套並不能凸顯你的身材；也許餐館的新菜不合你的胃口；也許交往的女孩不是你心儀的另一半……但是你會坦然的說：「起碼我嘗試過，也知道了結果如何。」如果活著是一種狀態，一個過程，或者說是一場經歷的話，那麼，不斷嘗試就代表活著的真正意義。

* * * * *

有個故事是這樣說的：

一個大學畢業生即將要踏上人生的旅程，臨行前他找到一位智者，希望得到一些忠告。智者只送給他兩句話：第一句是「前半生，不要怕」，第二句是「後半生，不要悔」。

活著就要嘗試，不斷的嘗試。一個不曾嘗試的人生，可能不會有什麼風浪，因為你根本就沒有邁出腳步。可是這樣的人生真的是你想要的嗎？又或者說，你真的打從心底想過這樣的生活？

小時候我們時常被灌輸一個觀念，我們一定要上學讀書。至於為什麼要上學？因為能找個好工作。所以在潛意識裡就認為上學等於工作，彷彿只能上班工作才能賺錢。如果真是這樣，那又怎麼會出現創業的人呢？如果沒有這些創業的人，又哪來的公司與工作？

當然，我並不是說創業比上班好，而是想讓大家換個思維，要知道每個人都有自己的潛力，有些人適合在工作上嶄露頭角，有些人則適合創業。只不過我們往往因為不敢嘗試，害怕前進於真正適合自己的領域，而夢想也因為這樣的擔憂裹足不前。

年輕人，請別止步於不曾嘗試的人生。也許很多事情的開端注定就是重重困境，也許很多事情就是會經歷許多短暫的失敗，但我們不應該只是聽別人的故事，看別人的輝煌，而要用雙腳踩踏出專屬於自己的足跡，哪怕這條路走得跌跌撞撞。

11

建立目標
才有努力前進的方向

有一對年輕夫婦，家中育有兩個孩子，一個叫莎拉，一個叫麥克。在孩子還小的時候，他們決定為孩子們養一隻小狗。小狗抱回來以後，這對夫婦還專門聘請了一位寵物訓練師來訓練牠。在第一次訓練開始前，寵物訓練師問這對夫婦：「訓練這隻小狗的目標是什麼？」

這對夫婦面面相覷，他們一臉疑惑的說：「一隻小狗還有什麼目標？牠的目標當然就是當一隻狗了！」他們實在想不出，作為一隻狗，還能有什麼另外的目標。

寵物訓練師嚴肅的搖了搖頭說：「每隻小狗都得有一個目標，否則我們根本無法訓練牠。你們是想訓練小狗守門，還是為了和孩子們一起玩耍？或者只是作為家中的寵物？我必須知道這些。這就是牠的目標。」

在寵物訓練師的費心引導下，小狗被訓練成孩子們的好朋友，牠舉止可愛，對主人忠心、洞察力敏銳，成為這個家庭中不可或缺的重要成員。最重要的是，透過這位寵物訓練師，這對夫婦還學會了怎樣教育自己的孩子：為他們建立目標。

這對夫婦的教育方式，最終沒有令人失望：莎拉成為一家電台主播，而麥克便是紐約第一〇八任市長——麥克．彭博。還記得寵物訓練師的那句話嗎？「每一隻小狗都要有自己的目標。」更何況是一個人呢？

確定什麼是你最想要的，然後，把注意力都集中到你最看重的目標上，並且堅持下去，只要心之所向，總有一天會成功。有時候，堅持需要一個理由，一個能讓你內心澎湃的理由；然後，你需要保持一種強烈的渴望，當一個人擁有強烈企圖心的時候，就會擁有無比的能量，所有的困難都會為你讓路。

* * * * *

記住，在這個世界上，沒有達不到的目標，沒有越不過的障礙，關鍵在於你是否下決心要得到它。年輕的時候，為了夢想而努力，這樣也不枉費活過一場。

人必須有一個正確的方向。無論你多麼意氣風發，多麼足智多謀，花費多大的心血，如果沒有一個明確的方向，就會過得很茫然，漸漸失去鬥志，忘卻最初的夢想，或者走上歧路甚至不歸路，這樣只會白白耽誤了自己的青春年華。

荷馬史詩《奧德賽》中有一句至理名言：「沒有比漫無目的的徘徊，更令人無法忍受。」畢業後這五年裡的迷惘，會造成十年後的恐慌，二十年後的掙扎，甚至一輩子的平庸。如果不能盡快衝出困惑，走出迷霧，我們實在是無顏面對十年後、二十年後的自己。

＊　＊　＊　＊　＊

可是，我們又經常會看到這樣一些情況，當家裡的晚輩跟眾人分享他的夢想時，總會有一大堆人給他出意見，「最近很多人在賣這個，不如你也去賣」、「外面工作不好找，你少自找麻煩了」……身為後輩，都會尊重其他人的意見，因為「當局者迷，旁觀者清」，我們害怕自己不夠全面、太過主觀，所以需要參考他人的「客觀」。可是主觀不一定不好，自己的人生，只有自己才是真正的主人，至於別人的建議，僅供參考，或者讓他們發揮到他們自己的人生上去吧！

生命需要自己去承擔，命運更需要自己把握。在畢業前越早找到方向，越早走出困惑，就越容易在人生的道路上獲得成就，創造精彩。像是無頭蒼蠅般找不到方向，才會四處碰壁；一個人找不到出路，才會迷惘、恐懼。所以，當你平心靜氣的意識到自己想做什麼、要做什麼時，就勇敢的邁出步伐。

不過，不少剛畢業的大學生總是奢望能馬上找到自己理想的工作。然而，很多好工作是無法等來的，你必須給自己一個明確的定位，讓自己穩定下來。你給自己定位是什麼，你就是什麼。醜小鴨變成白天鵝，只要一雙翅膀；灰姑娘變成美麗的公主，只要一雙水晶鞋。當然，想要卓越超群，還得有鶴立雞群的本事。年輕人要想讓自己得到重用，獲得成功，就必須把自己從一粒沙子變成一顆價值連城的珍珠。

生存智慧 ❶

與其絞盡腦汁卻又徒勞無功的想著，

如何活成別人喜歡的樣子，

不如努力活成自己喜歡的樣子。

chapter 2

在輸得起的年紀
只管向前奔跑

別卑微的低下頭來，相信你所擁有的天賦，

再努力不懈的奮鬥，一定會呈現出一種驕傲的姿態，

向世界展示那個獨一無二的你。

12

人生前期越嫌麻煩
後期會更麻煩

人人都嚮往安逸。然而，對年輕人而言，「安逸」卻可能是一個陷阱。某一天，你可能會發現，你一直過的安逸生活其實是一條下坡路，你的要求已經很低了，卻還是沒有辦法維持它的水準，因為這個時代的變化實在是太快了，在擁擠的潮流中，你不向前，就會退後。正如有一句名言所說：「容易走的都是下坡路。」

的確，你眼裡那些難走的路，通常是難走的。在這條向前、向上的路上，你會無數次受到打擊，無數次想要退縮，還可能遭遇切膚之痛，但只有這樣，你才能獲得理想的狀態。因為難走，你會激發所有的潛能，克服所有的困難；因為你受了最多的苦，自然也是獲益最多。你要相信，你的潛能遠遠比自己的感覺還要可靠。就像俗語說的：「人只有在還有選擇的情況下，才會感到困惑和迷惘；如果只有一個選擇，只能硬著頭皮去做，反而沒有那麼糾結。」

而「我不行」、「我不能做」，只是讓你自己退回到舒適圈的藉口。雖然你不可能樣樣都行，但我們遇到的大多數選擇與難題，都可以靠著後天的努力解決。當你覺得自己做不好一件事時，不妨捫心自問，有沒有做夢都在想著這件事。如果你連做夢都在想怎樣把事情做好，結果還是不及格，那再認輸也不遲。

* * * * *

曾有一位新聞系學生問名專欄作家喬治．亞當斯：「據說，您每星期都要寫五篇專欄文章，但您怎麼有把握，每星期都能想出五個不同的主題呢？」

亞當斯回答：「如果這件事情容易到我有把握的程度，那這份工作就沒有樂趣了。正因為我每天早晨就要苦心思索，才會覺得自己不是白拿薪水。」

學生繼續追問下去：「如果想不出主題呢？」

亞當斯乾脆的說：「我就坐下來強迫自己動筆。」

有些人感到困惑和迷惘的時候，總是認為要先解開困惑，把所有問題想清楚了，才能走下一步。其實很多時候，處理難題最好的辦法，就是迎頭面對難題。而且一旦我們正視這些困難，可能就會發現，困難並非我們所想像的那樣麻煩。

* * * * *

人生是苦，但面對困難和問題時，總是要解決的；這時你的選擇無非兩個：「迅速面對」，或者「暫時逃避」，但遲早有一天還是得解決。所以，當你感到迷惘，不知道該如何選擇時，就選擇難走的那條路吧！敢於選擇難的那條路不但是勇氣的表現，也是理智的權衡。

生活都是你自己的選擇和努力的結果。如果你選擇了容易走的那條路，那麼你也只配擁有目前你所擁有的一切，因為你連苦都不想吃，那還有什麼好抱怨的？就像中國作家王小波在《青銅時代》中說的：「永不妥協就是拒絕命運的安排，直到它回心轉意，拿出我能接受的東西來。」

所以，面對困境的時候，就先解決最難的問題吧！最難的解決了，剩下的就簡單了，也足以給你信心與愉悅的心情。

就像是找工作，你可以選擇朝九晚五的工作，也可以選擇有挑戰性的工作，只要你的內心感到滿足，喜歡和認可這份工作，做了選擇，也不後悔，那就投入熱情和努力去做。最怕的就是，一切都是你自己做的選擇，最後卻還在抱怨。

13

別讓拖延這種病
拖累了你自己

隨便打開一個平台，類似「兩週瘦十公斤」、「二十一天練出馬甲線」……各式各樣的「減重速成法」滿天飛，這些「速成法」好像傳遞著一個訊息：好身材是唾手可得，花不了你多少時間。於是真有很多人照做了，兩、三週後坐等結果，可是腿沒有細，馬甲線也沒有出現，然後，就沒有然後了。

你有沒有特別想做某件事，比如：跑步、瑜伽、旅遊、開家小店，甚至養成某個好習慣……雖然有些心願已經在你腦袋裡放了好幾年，也不需要花費太多的時間成本或昂貴的金錢成本，然而，卻一直遲遲沒有開始？它始終只是心願或者夢想。

但，你有沒有想過到底是為什麼？

＊　＊　＊　＊　＊

小趙部門有兩個同事是名副其實的健身愛好者，平時風雨無阻。周圍幾個同事在這樣的刺激下，一直想加入健身行列，卻因為各種不同的理由而遲遲沒有開始：有的人是懶得辦健身卡，還有的人是健身房離公司太遠、不方便。巧的是，小趙公司樓下新開了一家健身房，開業優惠酬賓，辦一年送半年。

小趙的其中兩位同事覺得，是時候該開始自己的健身生涯，健身房就在公司樓下，只要高興，中午休息時間就可以去運動一會兒，於是兩人毫不猶豫的辦了會員卡。其中一位還信誓旦旦的說：「我要每天去健身。」

原本以為，從此這兩位同事的人生會大改觀。只要開始健身，不但可以練出好身材，還可以變得更健康、更陽光，簡直是正能量滿滿的活法。可是，時隔一年後，據小趙說，其中一位一共去了五次健身房，而且是包括辦卡那次；另一位呢，自始至終一次都沒再去過。

你肯定非常訝異，健身房不是就在公司樓下嗎？為什麼一次都沒去呢？

其實，不少人在開始健身前，總會先自我心理建設一番。另外，還需要一個啟動儀式，像是買好適合的運動服，做個完美的計畫，找到互相監督的夥伴，躲開加班，避開生理期等等，結果等到身材走樣了，健康亮紅燈了，還是遲遲沒有進展。還有人是報名吉他班，一共才上了幾堂課；或者報名日語課，壓根沒學幾次；或想好好跑步，買了雙高檔跑鞋，跑了兩三次，就被束之高閣。

其實，有沒有健身並養成習慣，與你是不是辦了健身房會員卡，或健身房離你家是遠是近，真的一點關係都沒有。那麼，是懶，還是沒毅力？抑或是懶加沒毅力呢？

很多時候，我們想要放棄的理由實在是太多了，沒時間、沒心情、沒人陪……而這些理由的滋生速度又特別快，遠快過健身回饋給我們各種好處的速度。所以，當獎勵不夠快、不夠大時，我們很容易就放棄。

在健身這條路上，有兩件事特別難，一個是開始，一個是堅持。而無數人卻被拖延症所耽誤，始終無法邁出第一步，更無法堅持下去。逃避問題雖然會讓你暫時過得比較安逸，結果卻會讓你陷入更大的焦慮和痛苦之中。

＊　＊　＊　＊　＊

再講個正面的例子。

有個帥氣、修養好的年輕男人，然而天妒英才，二十幾歲時不幸遭遇一場車禍，失去了一條腿。可是他在身體恢復後，卻遊遍了數十個國家。他說，以前就一直喜歡旅遊，總覺得時間有得是，隨時都可以去，結果並沒去過幾個地方，直到失去了一條腿後，他才不再拖延，毅然拖著另一條腿上路。隨時可以去，他卻一直沒去，恰恰是沒腿之後，去的地方反而更多更遠。

聽了這個故事，是不是有種無地自容的羞愧？

如果，你真的很想做一件事情，那就痛快的列出一張清單。比如，你想去到南部走一走，可以先查查驢友們（旅遊的諧音，引申為背包客）的旅遊攻略，一旦時機成熟，儘管拿起背包馬上出發。執行力越差的人，越需要一個這樣的計畫。

當然，做這件事情之前，你得先捫心自問：我到底是真想，還是不想？比如，看到別人在朋友圈天天發一張自己做的早餐，垂涎欲滴到令人躍躍欲試。別忘了，做這頓美味的早餐前，可是要先做不少功課，準備各種食材不說，還得起個大早，即使開了油煙機，也會煙燻火燎。所以不妨找那些你「羨慕的人」聊一聊，如果無法接受付出辛苦的一面，那就拋除妄想吧！

也許你的藉口又來了：「一大堆待辦的事情放在眼前，心裡急死了，什麼時候才能完成呢？還不如看看電視、刷刷臉書舒服。」如果你把一件事情想像得很難，結果就會越想越難。

比如減重，有的人一想就是兩、三年，卻一直沒有行動，總覺得減重不是一朝一夕可以完成，結果就真的越想越難。其實，只要堅持足夠的運動量，練出好身材、維持身體健康並不成問題。

很多事情如果不是親自嘗試，只會覺得太難，然而事實證明，它比想像中簡單多了。再說，健身能鍛鍊我們的身體和意志都更加強健，那還有什麼理由不去堅持呢？

面對一件讓人退縮的事情，無論你心裡有多麼不情願、有多少畏難情緒，都請直接面對問題。如果實在無法鼓起勇氣面對，那就告訴自己，先堅持十分鐘試試；如果你仍然堅持不下去，那再放棄還不遲。但真實的情況往往是，一旦開啟了新的狀態，就很容易越做越有勁，根本停不下來。

14

你還沒真的努力過
就輕易輸給了懶惰

我們身邊總會有一些人，他們喜歡為自己設定一個巨大無比的目標。確實，擁有遠大的夢想是件好事，但問題是這些人定下目標的同時，卻也給自己鋪了一條懦弱的退路——「既然目標那麼高，就算沒實現也不會有人怪我吧？」然後，邊喊苦喊累邊拖拖拉拉，當初的目標就這麼隨隨便便的放棄了。當你問起此事，他們又會找出各種冠冕堂皇的藉口，卻始終無法承認自己只是懶惰。

也有另一種人會成天埋怨說：「我努力賺錢有什麼用？再努力也比不上含著金湯匙出生的富二代。」會說這種話的人，往往對自己的生活並不滿意，但是又不願意面對自己的慘澹人生。看別人辛苦工作獲得晉升，就覺得對方肯定送禮拍馬屁，渾然忘了自己工作起來是如何推三阻四、遲到早退；見別人奔波受苦、熬夜苦讀，就心滿意足於自己的安享平淡。然而，那些你以為輕而易舉的事，哪一樣不是得費盡心思拚了命去奮鬥？其實，這些都是懶惰者的說辭。

* * * * *

在現實生活中，每個人都會有想要發懶、耍廢的時候。明知道運動很重要，還是懶得行動，只想坐在沙發上做手指運動：滑滑手機、按按遙控器。還有許多人的新年計畫都很意氣風發：早睡早起、不拖拉、戒菸……但不久就發現，即使有著遠大的目標，但缺乏行動的勇氣，結局只是又一次美好的願望而已。

懶惰是大多數人的天性，一旦開始遇事推託，就很容易再次拖延，直到變成一種根深柢固的習慣。懶惰是最具破壞性、也是最危險的惡習，會使人失去進取心。習慣性的懶惰者更是製造藉口與託詞的專家，他們常常把「事情太困難、太昂貴、太花時間」等種種理由，說得合情合理。

翻開各種療癒系書籍，其中常會傳達一種理念——「人生不是一場比賽，你不用跑那麼快，那麼急著趕路，而錯過了沿途的風景。人生，重要的是過程，不是結果。」

可是，你知道嗎？這些話都是說給失敗者的安慰劑。

* * * * *

人生，怎麼可能不是一場比賽？為什麼是賈伯斯創辦了蘋果公司，而不是你？為什麼阿里巴巴的創辦人是馬雲，而不是你？很簡單，不論是賈伯斯、馬雲，他們都是人生勝利組，早就遙遙領先；而你，還在踩著自己的影子詩意漫步。

說穿了，人生就是一場優勝劣汰的比賽，而你什麼都沒做，就什麼都想放棄，難道動都不動活得像個雕像，就可以贏得掌聲嗎？懶散很舒服，年輕的時候，你也大可隨著性子舒服過日子；可是等你年老的時候，當大家都捧著一杯清茶曬太陽，或許，你還在為自己的一日三餐而忙碌。懶惰，意味著你放棄了對生活的掌控。終有一天，時間會給你一記響亮的耳光。

其實，最關鍵的因素還是回歸自身。如果你心存懶惰，自然能找出成千上萬的理由來辯解為什麼事情無法完成，而對事情應該完成的理由卻少之又少。雖說許多人也深知懶惰的危害，但依然活在渾渾噩噩中得過且過，許多本來可以做到的事，都因為一次又一次的懶惰拖延，而錯失了成功機會。

沒有行動，懶惰就會生根發芽。時間越長，根就越深。到時候想站起來，就是件很困難的事了。

* * * * *

那麼，聰明的人是怎麼做的呢？他們會在下班後去健身、跑步，學一種樂器，上一些增進技能的課程；他們會在週末去圖書館看書、逛書店，了解最先進的科技，了解自己業內的最新資訊。即使只是一份工作，他們也能踏踏實實做個好幾年，但與別人不同的是，他們一直在學習、在進步，技能越來越純熟，眼界也越來越開闊。

而那些浮躁的人，可能在突然受到某種刺激後，猛然有一天驚覺，「啊，這麼久了，我竟然沒有什麼作為，也沒有進步。」然後又下定各種決心，可是等三分鐘熱度一過，又會回到原來的生活。如此不斷惡性循環，他們的生活並沒有太大變化，卻一直在抱怨中活著。

人生所有的遺憾，都源自於你的懶惰。今天的成功，取決於昨天的努力；今天的失敗，完全是因為昨天的懶惰。世間所有事，都敵不過一個「懶」字。畢竟要成就一件事，不管你想得多好，不就是需要行動嗎？

當大家在相同的條件下努力，行動多的人，自然也就有更多機會。因此，如果一個人能夠成功克服這種劣根性，打從骨子裡願意去嘗試任何方法，在行動上比別人更為積極，便可以成就任何事。

15

你明明可以相信自己
卻偏偏徵求別人意見

很多時候，我們總是習慣於聽從別人的安排，遇到問題也總是直接從別人那裡獲得幫助。可是，別人的建議只屬於友情提示；只有你，才是自己人生的真正導演。

* * * * *

一位年輕的文學愛好者苦心撰寫了一篇小說，請一位作家點評。因為作家的眼疾發作，年輕人便將作品讀給作家聽。讀到最後一個字時，年輕人停了一下。作家問他：「結束了嗎？」

年輕人聽了，閃電般的揣摩起這句話：聽作家的語氣，似乎是意猶未盡，還在渴望下文？於是，他的創作熱情瞬間被煽起，靈感噴發，說道：「沒有啊，下部分更精彩。」之後，他以自己都難以置信的構思敘述下去。

當年輕人又讀到另一個段落時，作家又問：「結束了嗎？」年輕人心裡琢磨著：作家一定覺得這部小說實在是太勾人魂魄，簡直叫人欲罷不能。於是，他的創作熱情再次被點燃，一而再、再而三的接續、接續……最後，電話鈴聲驟然響起，打斷了年輕人的思緒。

這通電話是找作家的，看來非常急迫，作家匆匆準備出門，並對年輕人說：「其實，你的小說早該收筆，在我第一次詢問你的時候，就應該結束。何必畫蛇添足？果斷可是當作家的根本，否則拖泥帶水，怎麼打動讀者呢？」

聽了這番話，年輕人後悔莫及，覺得自己的個性就是太容易受外界左右，恐怕不是當作家的料。不久後，這位年輕人又遇到另一位作家，當他羞愧的談及這段往事時，誰知這位作家驚呼道：「你的反應如此敏捷，思維如此敏銳，編造故事的能力又如此強，這些正是成為作家的天賦呀！我相信，你的作品一定會脫穎而出。」

人的一生，有很多不同的機會，會接觸到形形色色的人，他們的言行難免會影響到我們的自我判斷。而遇到事情沒有主見的人，不知道自己能幹什麼，會幹什麼，就像牆頭草，沒有自己的原則和立場。雖然說，凡事都很難有一個定論，可以多參考不同人的意見，但是這些意見永遠也不能代替你自己的主見。更何況我們在聽從他人的同時，其實也是一種自我的喪失。

* * * * *

每個人從呱呱墮地的那一刻起，都是帶著人類與生俱來的、最偉大的智慧而來，慢慢長大後，種種「社會化」卻讓我們忘卻了那些智慧，反倒學會了用所學的「知識」否定自己看到的事實。久而久之，外界的規則、他人的標準取代了我們的本能，成為衡量自己的新標準，遇到問題時，也不習慣自己尋找解決的辦法。

其實，只有你能對自己的命運負責，自己的命運需要自己抉擇。如果去問別人，這麼做好、還是那麼做好，所得到的答案都是不靠譜，也沒有意義。因為「主見」就像是一位導師，可以為站在人生十字路口和關鍵時刻的你指點迷津。當然，你覺得選擇這個好，就要對自己的選擇負責，這就叫「願賭服輸」。

* * * * *

生活中，很多人總是一味的從眾，不能看清自己的狀況，不去考慮做的事情本身是否正確，缺乏自己的判斷和主見，結果讓別人牽著自己的鼻子走。事實上，一個人要有主見，具備判斷是非的能力，才不會被別人的意見所左右。愛因斯坦曾說過：「學會獨立思考和獨立判斷比獲得知識更重要。不下決心培養思考習慣的人，便失去了生活的最大樂趣。」

人的一生，總有一些事情必須自己做，甚至連至親都無法替代。所以，追隨你的熱情、你的心靈，不要活在外界的輿論中，靠自己的腳走路、用自己的腦袋思考。總有一天，這將打開你心靈的枷鎖，讓你重新做回真正的自己，那個簡單而強大的自己。

16

別再拿命運不公平當藉口
是你自己太弱

有個年輕人，什麼都好，就是特別喜歡抱怨。無論走在路上，還是見客戶，或是去哪裡玩，只要有他在場就少不了抱怨，不論他去到哪都不順心，都會遇到一群人渣。這個年輕人最常抱怨的，就是自己懷才不遇。說起工作，他都會講得咬牙切齒，不是主管有眼無珠，就是同事搶鋒頭。所以他才畢業幾年，就換了好幾份工作。而他總掛在嘴邊的話仍然是——不是自己不行，是周圍人總是排擠打壓他。

有個年輕女孩，戀愛經驗豐富，坦白講，不如說是分手經驗豐富。每次分手後，女孩都要把前任男友數落得狗血淋頭，不上進、不愛乾淨、不懂浪漫、控制欲強……

列舉一堆，說到底，都是對方的一百個不是，她最愛說的就是，「要不是這些前男友把我耽誤了，現在早就嫁人生子。」

我們一定聽過很多人說自己活得多委屈、苦惱、煩悶，自己的人生哪兒都是坑，彷彿全世界都負了他們。他們最愛在生活中演出受害者、弱者這類苦情角色，又常常入戲太深。

如果自己的薪水不高，是因為這個行業的整體薪水行情就低；自己沒晉升，同事升官了，是因為同事靠關係；談個戀愛吵吵分分從沒停過，一味責怪對方不上進。在這類人的眼裡，好像所有人生下來的使命都是陷害他們，好像全世界都與他們為敵。過得不好，永遠都是別人的錯。

如果一個人總是抱持這種受害者的心態，就會逐漸擴大自己所遭受的不公平，讓自己成為一個真正受害者，迷失在抱怨和自憐的恐懼中。生活已經夠艱難了，大家都想聽到振奮人心的好消息，只是一味的吐苦水，誰都不會再有耐心聽下去。雖然鬱悶的時候需要找人傾訴，但太多負能量任誰都扛不住，而你可能也成不了什麼大事。

年輕的時候，難免有困惑，難免有抱怨，但是你說的苦根本不叫苦，因為你有選擇的機會，有失敗的資本。老了以後吃的苦，才真叫苦。想想，如果你到了六十歲，貧病交加，這才是真苦吧。

更何況，你覺得那些看上去很好的人，難道他們天生注定就是幸運兒嗎？生活就一定沒有迷惘和煩惱的事嗎？事實上，別人的苦只是沒說出來、沒讓你看到罷了。

*　*　*　*　*

有一位廣告公司總監，不僅作品曾多次獲得過克里奧廣告獎，他本人還是個電台主播、寫手、心理諮商師、催眠師。你可能覺得不可思議，這樣的人無非是自我吹噓。但你不知道的是，這位總監從沒有半夜三點前睡過覺，幾乎每天更新自己的文學作品，一寫就是幾千字。然而，他卻從未跟別人說過自己多麼辛苦，也沒跟別人說過身邊的人誰不好。

你可能會說，這樣的生活太拚了，壓根就不是你想要的，而且這種活法對身體也不好，但這就是這種人的夢想。我們不難想像，這樣的人一定都經歷過那些讓人消極、倦怠、心裡不爽的人和事，但是他們卻沒有把抱怨當口號一樣喊，我們只看到了他們多年積累的作品逐漸被眾人所知。

*　*　*　*　*

如果你還有一點點上進心，有自己的追求，那麼，不妨現在就開始為自己的生命負責，別讓青春浸泡在抱怨和傾訴中。靠關係升官的同事，是不是確實有一些你所不具備的能力？女友棄你而去，真的是因為嫌貧愛富，還是因為對你的不求上進感到失望？如果你不能嘗試用這些新思維填滿你的頭腦，那麼你的抱怨永遠不會停止。

當你不再糾結這些問題，並且找到解決這些問題的辦法，就不會陷入受害者心理的囚籠，而是朝著連自己都能被感動的日子邁進。人的一生真的很短，但是把一件事情放在一生當中，時間還有很長。如果可以，不妨試著把一些事情放在更長的時間裡去審視。在等待破繭而出的日子裡，不要著急，不要沮喪，你所有的堅持和努力，都會在自己的成長中刻下印記。無論結果是什麼，我們終將成為更優秀的自己。

17

懷疑人生很正常
但不要輕易給自己下結論

我們經常會聽到身邊的朋友說，覺得自己什麼都不擅長，什麼都不會，不知道以後能做什麼。說完眉頭一皺，抬頭四十五度仰望著天，一副對未來很擔心的樣子。

* * * * *

V小姐是個剛畢業的實習生，性格開朗，大方得體，大學時經常參加一些輕鬆有趣的社團活動，學習成績不錯，人緣也不錯。但是當她從優渥的大學環境來到自力更生的職場生活後，不是和同事相處不和諧，就是工作跟不上，自然得不到主管的賞識。漸漸的，V小姐開始質疑自己的一切。

最終，就在她收到解雇通知的那一天，更加覺得生無可戀，於是便起了輕生的念頭。幸而在現場人員的盡力搶救下，撿回一命。

我們身邊總是不乏這樣的人，他們整日悶悶不樂，覺得自己的生活沒有意義，覺得自己什麼都做不好，甚至連養活自己都很困難。於是他們開始往消極的方向挪步，並且越走越遠，越來越偏離青春歲月的豪情壯志。

類似V小姐這樣的人，總是不在少數。

* * * * *

小Z最近常常嘆氣說，自己無法做到主管交辦的工作，雖然自己各方面都懂一點，卻沒有優勢長處可言。她覺得自己很沒用，什麼事情都做不好，甚至開始擔心自己到底能不能在社會上立足。因為這樣的自我懷疑，讓她最近都沒什麼食欲，整個人看起來病懨懨的。

一位大她幾歲的鄰居大姐看到，勸她多補一些維生素C。沒想到小Z一看到這位大姐就哭了出來，完全是小女生那種無助的哭泣。

熱心的大姐，平時就常有很多年輕女孩來找她談心事。得知小Z的情況後，大姐說，妳不妨試著在一張空白紙上，列出自己的優點和缺點。

小Z擺出一張苦瓜臉，自嘆就是一條鹹魚，哪兒還有什麼優點。

大姐卻二話不說，拿起手邊的兩張紙，一張遞給她，說：「來，妳來寫自己的缺點。」一張留給自己，「我來給妳補優點。」

十幾分鐘之後，小Z的紙上寫著「拖延、沒有主見、亂花錢、不愛運動、身體虛弱……」洋洋灑灑，就列了十二條缺點，看起來，就是一個完完全全的失敗人生。

而大姐這張紙上，卻寫下了「細心溫柔、待人真誠、愛笑、愛乾淨、房間整理得好、蛋炒飯做得好吃、敢一個人出外打拚、皮膚好、化妝技術一流、穿衣服的品味好……」二十幾條優點。

當小Z看到大姐手裡那張紙的瞬間，簡直驚呆了，她從來沒有意識到自己居然會有優點，而且在別人眼中，她的優點比自己認為的缺點還要多。

有些事情，你越想就會越陷越深，覺得自己一無是處，這是因為你把注意力都放在自己的缺點上，你想到的是什麼，你看到的就會是什麼。很多女孩在描述自己時，最先想到的往往是自己臉上的雀斑、痘痘，還有皺紋。而身邊的熟人卻認為，她們五官清秀，根本沒有聚焦在那些細微缺點上。其實，有時候妳不必為了自己的這些外在缺點太糾結，因為在別人眼裡，或許那都是不值一提的「點綴」罷了。

* * * * *

很多時候，我們常常看著別人的風景，卻不懂欣賞自己的美麗。當一個人把自己的缺點無限放大，自然看不到自己的價值所在，也就苦惱得不能自拔。如果連你自己都看不到自己的魅力，別人怎麼可能欣賞你呢？其實在自己眼中、和他人眼中的自己，可能有著很大落差。像是你覺得自己一無是處，但在別人眼裡，你不僅有自己的亮點，也有可圈可點之處。

人都是在歷練中慢慢成熟；經歷得多了，心就堅強了，路就踏實了。你現在的付出，都會是一種沉澱，它們會默默鋪路累積，讓你成為更好的自己。只有學會欣賞自己，才會發現屬於自己的美。所以，在最好的年紀，千萬不要辜負最美的自己。記住，每個人都有自己的了不起。你的優秀，不需要任何人來證明。

18

累，是因爲你能力不夠
想要的又太多

小艾向來自尊心很強，從小就是那種大人口中「別人家的孩子」，學習成績好，長得漂亮，只要有小艾在，總會掩蓋住其他女孩的光芒。高中畢業後，小艾考上上海一所大學。那時她已經是學生會主席，躊躇滿志，跟同學聊天，也是暢談自己的遠大夢想，說一定要闖出一片屬於自己的天地。

小艾屬於那種不甘示弱的人，她說要做優等生，要拿獎學金；她說要在上海立足，要做事業上的女強人；她說要靠自己闖下一片天，這樣才不會辜負別人的期望。所以她越來越忙著學習、參賽。

畢業後，昔日同窗久未聯繫，大家一

直以為小艾在為未來打拚。後來，才知道她又回到了最初的地方。閨密忍不住問：「是什麼銷磨了妳的鬥志？」她卻悶悶不樂的說：「上海生活太累，壓力太大。每天上下班要擠地鐵，一個月的薪水還不夠買一平方米的房子，還要加班做業績……」

可是，就算離開了上海，沒有了生活壓力，小艾依舊悶悶不樂。因為她面臨一個兩難的選擇，一方面想要逃離那種壓力，另一方面又懷念那裡的繁華。有天晚上她做了一個夢，夢到自己在外灘看夜景，好像又回到剛去上海的那段時光。

生活真的很吝嗇，很少人可以魚與熊掌兼得，有得到就會有失去。小艾之所以會悶悶不樂，是因為她想得太多，可又擔心做了決定後，萬一得到的不是自己想要的，又不捨得放棄另外一個，所以才會掙扎，才會迷惘，患得患失。

* * * * *

很多時候，我們就是因為想要的太多，卻又沒有得到，才會心有不甘。當你希望在繁華的不夜城過著舒適的生活，卻又不願竭盡全力去拚搏時，自然會與想要的生活漸行漸遠。很多人常常是一邊羨慕別人豐富多彩的生活，又一邊自怨自艾，卻從未真正想過，為什麼自己會成為現在的樣子，以及如何改變現狀。

生活不會什麼都給你，特別是你連下一點工夫都不想的時候。世上沒有白吃的午餐，也沒有白吃的苦，只有沒下夠的工夫與沒堅持下去的勇氣。而工夫下到了什麼地方，努力放在了什麼地方，都可以直接看得見。別總是問生活給了你什麼，而要問問自己付出過什麼。

* * * * *

當然，也有很多社會新鮮人覺得自己好忙好累，需要社交、需要長見識、需要放鬆、需要吃好喝好，還需要工作好、賺錢多，喜好還得豐富點，想過這樣的日子，根本時間都不夠用了，又該怎麼辦？該如何平衡呢？其實，根本沒法平衡。無論是誰都平衡不了，因為，你想要的太多了。

貪心是件很可怕的事情，它會讓你的欲望像泡了水的海綿，變得又沉又重，以至於你無法掂量它真正的重量。很多時候，人要明白自己的定位，記住自己的夢想與堅持。那些過得很幸福的人，只是因為他們明白自己想要的，也找對了自己的定位。

生活就是這樣，上帝準備好過完一輩子才讓你得到的事情，不可能積攢到三十歲以前就都給了你，如果真有此事，那麼後頭一定沒什麼好事在等著你了。

19

你所謂的奮鬥
只不過是用來感動自己

在我們身邊常常見到一種人，他們經常自詡自己多麼辛苦、多麼不容易，生怕別人不知道似的，如果別人沒有給予讚美和同情，就會感覺全世界就他最苦、最累、最委屈。

比如說，去圖書館K書，先裝模作樣在臉書、朋友圈打卡，拍張筆記本封面，再配一句雞湯味十足的點評，然後等著朋友按讚。但，他哪裡投入了？就只是在那不斷的滑手機，或者頻繁喝水、發呆，根本沒把心思放在K書上。

又比如，去企業實習，其實都是做些很簡單的工作，但老是跟朋友抱怨每個月的薪水多難拿，搞得自己辛苦極了，就像是個多奮發向上的主角一樣。

這種人常常愛說自己已經很努力，每天花多少個小時工作，熬夜看書到天亮，多久沒有出去玩，多久沒有放鬆。可以說，他們的努力簡直都快把自己給感動慘了。

「努力累嗎？實話實說。」「當然累啊！」可是這些聽起來好像挺苦的故事背後，真相又是如何？這種人做事根本不怎麼投入，但總要先宣告全世界「我很努力」，等不及要聽別人的誇讚、討拍。

＊　＊　＊　＊　＊

這是一個浮躁的年代。很多人總想武裝出一副刀槍不入、越挫越勇的樣子，可是心裡頭又特別怕吃苦，特別想繞過吃苦，直接嘗甜頭。他們遇到挫折或失敗的打擊時，一方面急切的想要獲得外界的贊同和認可；另一方面又極易陷入自我感覺良好和自我同情。

可是，別人對你的認可和同情，除了能帶給你一點心理安慰之外，又能改變什麼？

如果總是寄望他人能同情自己或伸出援手，只會變得更加懦弱，甚至失去奮鬥的動力。

真正的努力，不是熬夜通宵做完一星期的工作；不是讓你一個月減重多少公斤；也不是因為你的拖延，在最後一刻又突然效率飆高。真正的努力，來自一個人的內心深處，對那些無法即刻獲得回報的事情，依然能夠保持數十年如一日的熱情與專注。

這種人一旦選擇了一個正確的方向，就會以一種正確的、智慧的方式，緩慢但平和的前進著，越變越好。他們所有的付出不是做給別人看，而是為了自己內心真正的追求。而這些有價值的付出，也一點一滴變成了他們真正的能力。

這些事實很赤裸裸，對嗎？但這就是現實。這個社會只想看結果，過程只能留給自己。永遠不要同情自己，只有積極的去反省和總結失敗的原因，對自己進行鞭策和批判，才會走出懦弱的心理陷阱。

就像義大利作家伊塔羅．卡爾維諾說的：「這些年我一直提醒自己一件事，千萬不要自己感動自己。人難免天生有自憐的情緒，唯有時刻保持清醒，才能看清真正的價值在哪裡。我們每人都有別人不知道的創傷，我們戰鬥就是為了擺脫這個創傷。」

＊　＊　＊　＊　＊

奮鬥，不是吃了點苦或受了點委屈，就整天嚷嚷，「為什麼我活得這麼苦、這麼累，卻得不到別人的認可與同情？」如果你沒有嘗試過，就不該說做不到；如果你沒有真正努力過，也不該陷入自我同情與自我感覺良好。人最怕的就是從不踏踏實實的努力，受一點傷就要喊痛，流一點血就要驚天動地。不自知又不努力，不努力卻又不滿足。

反而是那些真正要去遠方的人，會一言不發的、隱忍的撥開通往遠方的路上必經的荊棘，而不是每天把吃過的苦掛在嘴上，四處討掌聲。生命自有其蟄伏期，靜下心來努力，比發臉書、朋友圈求讚重要，比自我感動重要，比嬌滴滴的喊痛重要。

一個人能否成功，往往取決於他能否戰勝自己的軟弱，而不是給自己理由，讓自己倒在地上爬行。人一生中，最難做到、也最有意義的事，莫過於當你認清自己是一個凡人的時候，還能去努力奮鬥，有能力選擇自己想要過的生活。

20

長大，就是學會獨立決定自己的人生

不知道你有沒有過這樣的感覺：辛辛苦苦一整天、一整年，生活還是沒有什麼改變。有時候，收入勉強可以讓自己在這個城市裡體面的活著，但有時候你的收入完全趕不上通貨膨脹的速度，更別說跟得上房價的攀升。

有這種感覺的人並不只有三兩個，而是很多，每個人字字句句都說得很具體而且真實，讓人無法反駁。然而，儘管心裡糾結複雜，壓抑度日的同時，我們還是不得不承認，有時候，是選擇決定了自己的一生，而不是努力。

我們每天都在做各種選擇，做什麼、不做什麼，這些都是選擇。就某種意義上講，我們最終會成為一個怎樣的人，過怎樣的生活，決定權完全在自己手裡。

回想一下，每天起床後，你可以選擇吃早餐或是不吃早餐；課堂上，你可以選擇不聽課，也可以選擇認真聽教師講解；工作上，你可以選擇主動認真的完成任何一項工作，把工作看成你的事業，當然也可以選擇消極被動的去做事，把工作當作只是賺錢的工具；生活上，你可以選擇與人為善，也可以與人為惡……

凡此種種，可以說，我們無時無刻不在做選擇，你可以漫不經心，也可以獨具匠心，然而，這些看似不起眼而累計出成千上萬的小選擇，決定了最終我們是什麼樣的人，會過怎樣的生活。

＊　＊　＊　＊　＊

S小姐畢業後在老家工作，每天的主要工作就是幫主管端茶倒水，偶爾做做記錄，成天懶懶散散。她有自己喜歡的男生，但是那個男生在別的城市工作。

兩年後的某一天，S小姐的閨密收到這個男生結婚的消息，準新娘當然不是S小姐。這位閨密曾在朋友圈裡看過準新娘，她長得漂亮大方，笑起來很好看，而且跟新郎都在同一個城市工作。

閨密的第一反應就是去翻翻S小姐的朋友圈，想看看會不會受到什麼刺激。果然，她發了一句話，如果當年我做出了另外的選擇——冒險，生活會不會是另外一個樣子？

閨密心想，此時S小姐的心裡一定有萬千遺憾，萬千說不明道不清的糾結。S小姐喜歡這個男生很多年，卻從來不表明、不戳破，男生自己也知道。只是男生畢業後就直接去日本留學了，之後回到深圳工作，租房擠地鐵，不同的是，那個女生，也就是他的未婚妻，一路就陪著他這麼熬過來了。

我們不敢說，如果當年是S小姐先表白，再跟男生順利戀愛，畢業後開啟異國戀的模式，然後在同一個城市發展，這其中的每一個步驟是不是缺一不可，但可以肯定的是，不僅僅是愛情這件事，對於所有的人生選擇，即使一開始會決定我們人生的走向，但是別忘了選擇之後，還有千山萬水的路要走。對S小姐來說，如果她屈服命運的安排，剩下的可能就是在和時間做鬥爭的一種庸常人生。

* * * * *

其實，我們每個人都是投資者。年輕時投下自己的一生，尋找事業及婚姻夥伴；是這個選擇決定了你的一生，而不是你的努力。

人生就像是一場冒險，只不過有些人走得大膽一些，有些人心存顧慮，腳步就邁得小一些，甚至有受到一點波折就覺得江湖太險惡，於是，做出這樣的選擇：「我還是回山洞裡吧！比較安全舒服，不會出事。」

至於那些內心強大的人，他們之所以願意努力，要的就是一份選擇權，而不是僅僅無可奈何的生活。

很多人之所以減肥，之所以讓自己變美變好，之所以願意拿自己擁有的能力去換取薪水、資源，之所以願意珍惜一個有意思的朋友……說真的，這一切並不保證會有相對應的收穫或報酬，但是生命的豐富程度，會讓你在一定程度上，減輕對生命長短的擔憂。你的人生，取決於你的選擇。如果你不滿意現狀，那就有必要好好審視一下你的人生觀，努力讓自己成為所希望的人，才會做出更理想的選擇。

21

在輸得起的年紀
只管向前奔跑

曾在雜誌上看過一篇文章，標題是〈我奮鬥了十八年才和你坐在一起喝咖啡〉。作者說：「比較我們的成長歷程，你會發現，為了一些在你看來唾手可得的東西，我卻需要付出極大的努力。」

為了改變命運，能夠去大城市讀書，即使逢年過節，他都會站在農村的路燈下，默默的自習功課。收到大學錄取通知書的那一天，家人為了支付高昂的學費東拼西湊，他就決心一定要努力拿獎學金，業餘時間還拚命打工，畢業後還寄部分薪水給弟妹們讀書，剩下的只能勉強應付自己的日常開銷。這條路一走就是十八年，他才融入北京這個國際化大都市中，和周圍的白領朋友坐下來一起喝咖啡。

也許會有人說：「十八年啊，這麼辛苦的活著，值得嗎？現在就算做個農民也沒什麼不好。」或者說：「我也明白理想與現實存在很大差距，並且為此努力，可是我仍然買不起奢侈品，住不起度假區的海景房，甚至可以預見，第二天一早，還是要擠公車地鐵，讓自己淹沒在柴米油鹽中。」

* * * * *

在別人登頂顛峰的時刻，我們常常習慣於羨慕他人綻放出的萬丈光芒，卻不能嘗試將目光移到他人的身後，探尋他人來時的方向。或許，對於這位農村學生而言，這十幾年他付出的代價，不只是一杯咖啡的收穫。在令人心酸的辛苦背後，更讓他一點一點的認清自己的能力、自己的極限，究竟能成為什麼樣的人，能過上多麼美好的日子，而不只是接受生命給予他最初的可能，不去做任何改變。

人生來就不平等，世界就是如此殘酷。但是這不代表著，改變，就沒有任何意義。

活著，最大的失敗不是退縮，而是從來不敢奔跑。努力奔跑可以讓我們更好的認清自己，發現原來我們還有這樣的一面——可以跨越重重荊棘，可以不用聽從命運的安排，抵達一個更廣袤無邊的世界。

人這一生為什麼要努力？很多時候，是為了可以有自由選擇人生的機會，可以看到更大的世界，甚至是為了能夠在自己喜歡的人出現的時候，不至於卑微得抬不起頭，而是自信到理直氣壯的說出那句話：「我知道你很好，但是我也不差。」

可是，在這條尋夢的路上，很多初出茅廬的年輕人儘管開始滿懷憧憬，意氣風發，卻慢慢的便動搖了最初的信仰，頹廢的坐在原地自我安慰，「成功者只是源於上帝的眷顧，夢想本就只能是夢想」，可是你從沒想過，每一份從容自信的微笑背後，都是一長串烙印著汗水與淚水浸潤的腳印。

* * * * *

別活得那麼悲憤，這個世界不欠任何人。每個經濟地位在你之上的人，都有著比你更辛苦的付出。你的收穫，只與付出成正比。春天之所以如此溫暖，不也是因為歷經了整個寒冷蕭瑟的隆冬。只有弱者，才習慣把自己不能堅守而被現實磨滅的夢想，當成世界欺騙自己的理由；而強者，早已把自己的夢想熬成了別人眼裡的雞湯。

現實憑什麼要對你溫柔以待，誰的成功不是櫛風沐雨，誰的人生不是斬棘前行。有句話是這麼說的：「最痛苦的事，不是失敗，是我本可以。」人這一生，與其抱著「爸媽的財富足夠我舒服的過一輩子」，或者「我有個賺錢很厲害的老公」的態度活著，不如親自嘗一嘗生活的味道。

我們不一定會成功，但一定要努力。奮力拚搏的過程，會讓我們的人生益加深刻，而非日漸淺薄。即使有一天，你還生活在俗人的圈子，你也終將不再被俗氣沾染。

22

對自己有點要求
跟平庸說再見

艾米說，自己大學時專業沒學好，技能也沒提高多少，畢業後又糊里糊塗做著一份工作，一心以為守著一份安穩的工作也不錯，但是依然抵不過公司破產的命運。更可悲的是，就連喊了多少年要學車、學游泳的計畫都沒有堅持下來。日子就這樣一晃而過，轉眼已到而立之年，突然有一天才發現，自己在這偌大的城市裡依然沒有前行的自信。

艾米並不是妄自菲薄，而是基於客觀的判斷，這一切也讓她真切的感受到了自己的平庸和無奈。看著別人運動、畫畫、游泳，樣樣拿手，生活過得如此美好，其實人家所有行為的前提都是自律，而且經過多年修煉的結果。

＊　＊　＊　＊　＊

對許多人來說，「自律」是個令人不快的詞，就像是喪失自由的同義字。但事實卻正好相反。如同美國管理學大師史蒂芬・柯維所說：「不自律的人就是情緒、欲望和感情的奴隸。」

以產後塑身為例，雖然產後的辛苦和母乳餵養會讓體重大幅下降，但要完全恢復到產前狀態、身材窈窕，還是要靠科學健身與飲食雙管齊下。但是不少新手媽媽卻總是抱怨：「帶孩子忙死了，哪有時間健身。」「就這樣吧，反正我給老公生了孩子，他也不能嫌棄我吧！」「有沒有不用健身的方法，我還在餵奶又不能節食。」

可是，你有沒有想過，為什麼自己需要費勁得到的東西，別人卻能輕而易舉自然而然的獲得呢？別忘了，這些光鮮亮麗的背後，可是高度自制與自律的結果。週末假日，雖然他們也想像沙發馬鈴薯一樣，窩著看電視、滑手機，但是仍然堅持去健身房鍛鍊身體；在夢想面前，雖然最初燃起的熱情已逐漸消退，但是仍然會堅持完成一個想法或是目標。

為了生命中更重要的事情，很多時候，自律會需要犧牲當下的享受和刺激。但是從長遠來看，缺乏自律反而會讓人喪失自由。聽到別人一年讀一百多本書，心生嚮往，決定從明天就開始讀書計畫，結果書單還沒收集完就失去了耐心；看到別人三個月減重五公斤，唏噓感慨後，決定重拾擱置已久的健身計畫，結果跑步機還是蒙上灰塵。

最糟糕的是，當你平靜下來想好好整頓一下自己時，卻發覺這麼多年來，竟然荒廢了好多東西。那些錯過的機會再也回不來了，更可悲的是，我們竟然還心安理得的過著這種三天打魚，兩天曬網的日子。

平庸不僅僅是平庸而已，它裡面還隱藏著墮落的種子。這些年來，你覺得自己安逸得如故事裡的漁夫，曬著太陽，卻忽視了在你的停頓中，世界仍然飛速疾馳著，而你卻因為懶散和毫無自律，讓一切夢想日漸枯萎。

*　*　*　*　*

有一位民營企業的銷售經理，想當年，他曾是一所醫院院長，但是他卻辭職了。後來，憑著高學歷在一家企業就職，因為自恃清高，不太能融入企業的氛圍，熬了多年，也不過是一個銷售經理，這讓他很不甘心，自覺現在的職位配不上自己的才華，卻從來也沒見過他為此做過什麼努力，每次只要一有什麼想法也不過是行動幾天，之後就不了了之。

他總是感嘆際遇無常，拉著一群年輕同事，訴說當年同醫院的老友們，有些調到地方衛生單位，從此順風順水，有些已經成為知名教授，唯有他自己，為小學畢業的老總打工不說，還不怎麼受重視。

聽著這樣的故事，我們只能無言，隨便附和幾句，心裡卻是多少有些鄙視。想做成一件事，最怕的不是沒勇氣、沒錢、沒機會，而是從一開始就對自己沒什麼要求。那些從困境逆襲的人，誰不是靠著強烈的自律殺出一條路來？一個人若是對自己都沒要求了，就更沒有資格對這個世界有什麼要求。

擺脫平庸，不過是在平庸與自律這場關鍵的對抗賽中，讓自律狠狠啟動，歷經一次次的循環反覆、一次次的挑戰極限，總有一天會形成習慣性的條件反射。當然，並不是說現在馬上開始自律，光芒萬丈的逆襲時刻就會立即出現，這種能力需要慢慢的培養，揠苗助長很可能前功盡棄，最後落了個虎頭蛇尾。

有一句話是這樣說的：「你要相信任何時代、任何時間，每個人都是有路可走的。哪怕一無所有、光著腳，只要真誠的專注一些有價值的、有意義的人與事，世界就不會在我們眼前倒塌。」

* * * * *

23

推自己一把
生活才會對你仁慈

如果你是健身房的常客，一定會經常碰到一些熟面孔，他們各個都身材姣好，要型有型、要肉有肉。男的手臂結實、腹肌分明，顏值爆表；女的身材勻稱、腿型修長，在跑步機前揮汗如雨。

放眼望去，整個健身房，幾乎是猛男靚女的秀場。身材不好的人，大約只占到二〇％，而且，流動性往往很高。雖然說這些嘴裡喊著要用力、立志鍛鍊身材的新面孔，才是最需要到健身房的人，但事實是，健身成功者才是這裡的常客。

這些猛男靚女的身材已經夠好了，為什麼還對自己這麼嚴格呢？我們想過什麼樣的生活，完全取決於我們的選擇。如果你不逼自己一把，根本不知道自己有多優秀。

＊　＊　＊　＊　＊

W小姐來自南部鄉下，家裡還有兩個弟妹，上大學四年期間，她幾乎沒有花過家裡一毛錢，平時不蹺課，課後還打工兼職，實現了經濟獨立，還擠出時間考了駕照。

如果你因此以為她把時間都花在賺錢上，那可就大錯特錯。她不僅實現了經濟獨立，成績也是頂瓜瓜。大學四年，都是校內的「優秀學生」，而且社團活動也積極參與，寫稿、寫論文發表，樣樣事情都做得漂漂亮亮。

當然，一個人人前的光鮮亮麗，遠不及我們想像的那麼簡單，往往是付出了很多的努力才能擁有。以W小姐為例，她對自己的狠，聽起來更像是自虐。有時候，她壓力大到受不了的時候，就去跑步，甚至可以一口氣繞著操場跑二十圈。

大學四年，W小姐每天都是六點多就起床，這對於很多愛睡懶覺的人來說，實在無法想像。或許因為這樣的努力，也感染了身邊的人，同寢室的四個室友全部保送研究所。

坦白說，我們總是會在心裡暗暗佩服這樣的女人，學習和工作時，我們看見的是她們努力的一面，覺得她們活得「刀槍不入」。但是，當她們頭戴皇冠時，我們也會感嘆，她們的今天，真的是名副其實，擔當得起。

* * * * *

一個人可怕的不是有多努力，而是可以持續那麼久。努力也許不難，難的是一直保持這種努力的狀態。一個對自己夠狠的人，相信以後很多事情都難不倒他；反倒是那些不肯對自己下狠手的人，這個世界遲早有一天會對他下狠手。

當然，一個人的努力，並不是說要以通宵達旦、廢寢忘食的學習或工作，來彰顯自己的了不起；一個人的努力，只是為了讓生活變得更加多采多姿，把普通的工作做得錦上添花一些。

可是再回過頭來看看你自己，每天都有做不完的工作，一說加班就頭疼。但是如果你能理智的控制一下自己，上班不要只顧著傳訊息、聊天購物，效率再高一點，會不會發現自己也能準時下班呢？每天都疲憊得像隻生病的狗，抱怨睡眠不足，沒時間運動，難道你不記得前一天晚上，坐在沙發上無聊的刷朋友圈、追劇，一直到深夜的情景了嗎？天天嚷嚷著減肥，卻總是管不住自己的嘴巴，如果你對自己的偷懶理智點，也不至於對肚子上的贅肉徒傷悲了吧？

人生不過短短幾十年，我們可以拚命、可以失敗，可是我們不能眼睜睜看著歲月就這樣無情的流逝，讓我們的青春直接走向死亡。人生路上，一時的得與失，一個人奮鬥的孤獨，糾結的小情小愛，其實都只是生活的一部分。生活不會因為任何理由對任何人心軟，它總是帶著一如既往的狠勁，把想帶走的帶走，當然，也會把想送來的送來。

生存智慧 ❷

努力奔跑可以讓我們更好的認清自己，

發現原來我們還有這樣的一面——可以跨越重重荊棘，

可以不去聽從命運的安排，

抵達一個更廣袤無邊的世界。

chapter 3

以夢想和自由為名
單打獨鬥又何妨

夢想，無論再模糊，總潛藏在我們心底，

讓我們的心境永遠得不到安寧，直到這些夢想成為事實。

而願意用時光灌溉夢想的人，注定會夢想成真。

24

你，願意堅持熱愛的事物到天荒地老？

小T是一位盲人按摩師，擅長肩頸治療，很多客戶都點名找他。小T出生後，母親就離家出走。念完小學的他，便開始跟著中藥行的師傅學中醫。後來他得知做按摩是盲人的好出路，於是，轉行到盲人學校學了三年的理療按摩。

之所以選擇理療按摩，小T說，因為這門專業很難，需要至少三年，甚至要更長時間才能摸清每個人身上的每一條筋絡。學有所成後，小T開始各地奔波，在很多不同城市工作。

也許很多人會想，一個盲人到處闖蕩，那會有多麼的不容易。

小T說：「雖然我看不到城市的樣子，

但是我清楚知道自己需要賺錢來養家，爸爸和奶奶都等著我寄錢回去。我不覺得自己很苦，我一直相信，上天關了我眼睛這扇窗，就一定會打開另一扇門。現在我知道，那扇門就是按摩。」

當這些話從一個盲人口中說出來時，我們只能默默的聽。當一個盲人都能為自己的那扇門潛心學習，刻苦的磨練自己，我們為什麼還總是哀嘆自己境遇不幸呢？

* * * * *

很多年輕人常常抱怨，不喜歡現在的工作，感覺每天都過得很壓抑，但喜歡的工作又沒有經驗，為此，感到糾結、困惑，不知道該怎麼辦。

很多人都是在摸索中找尋自己的方向，很少人能一剛開始就做自己喜歡的工作，若是遇到自己不熟悉，但是感興趣的事情就要去學習。一個盲人尚且花了三年時間來追求一個夢想，我們又何嘗做不到呢？

很多時候，我們的眼界會被一些很炫的工作行業所吸引，像是企業諮詢、投資銀行顧問、金融公關……我們看到這些行業的人飛到各地出差，過著光鮮亮麗的生活，擁有外界所艷羨的一切。於是，我們也想攀登峰頂，過那樣的生活。

但是漸漸的，事與願違。我們太累了，累到沒有生活只有工作，累到越來越擔憂自己的健康，當然，我們也清楚的看到那種光鮮亮麗生活背後的苦楚。於是，我們開始懷疑這條路是不是對的，並試圖尋找自己的內心。

*　*　*　*　*

其實，當我們還沒有準備好用一生來追尋自己的夢想時，只會讓自己陷入迷惘。很多人常常一邊奔波於眼前的苟且，一邊夢想著遠方的田野。可是，優秀和平庸的差距，往往只在於一件事。那就是，優秀的人總是能數十年如一日的把這件事做好，而平庸的人則是做了太多事情卻依然無所作為。

小T的個性很執著，他的夢想就是做按摩師，所以在那三年的時間裡，他踏實低調的學習，之後又積累了各地工作的實際經驗，才有了今天的成績。他正是靠著堅韌的毅力和不懈的努力，才實現了自己的夢想。

比爾．蓋茲研究了十幾年的電腦和程序，才成就了Windows全球霸主的地位。中國跳水皇后郭晶晶從小就開始學習跳水，每天跳水數百次，一跳就是十幾年，後來才有了打破伏明霞跳水女皇神話的輝煌，穩居冠軍地位。

無論是現在的工作，還是設計、音樂、文學、電影……找出你的夢想，靜下心來，努力不懈的堅持，勇往直前的守候。

有人說，如果一件事情你能堅持做二十一天，那麼這件事情就會成為一種習慣。如果一件事你能堅持做十年，那會變得多麼強大啊！

人生很短，我們沒有太多的時間和精力，為太多不相干的事情分心；人生也挺長，足夠你把一件事情做到最好。

寫字也好，讀書也好，美食、美景，世間還有太多的美好事物，一定有一件事情值得你堅持一輩子，生命的豐腴和安定也往往是靠這樣的事情來獲得。把一件看似簡單但很有價值的事情用心做到極致，任何人都能從平凡變得卓越，從眾人中脫穎而出。

25

以夢想和自由爲名
單打獨鬥又何妨

在那一年的畢業季，高中剛畢業的H走出北京西站，手裡提著行李箱，帶著家裡給的萬把塊，這也是他的全部財產。他先挑了一所不用考試的私校，繳了學費和住宿費，他的「北漂」生涯從此開始。那是一九九七年，他十九歲。

後來H讀了兩年書，換了四份工作，換了三個城市，交過三任女友，最終他又回到北京，在一家雜誌社做了廣告業務員。他決定長期留在北京，並且準備三十歲前買房。

當H第一次聽到「北漂」這個詞時，內心湧出一種強烈的認同感，在網誌上寫下：「我們默默的、沒有名分的漂泊在這個叫北京的地方，尋找那片屬於自己的天空……」

其實每個北漂的人，都或多或少帶著夢想而來。可是，理想是豐滿的，現實卻很骨感。在實現夢想的途中，總會有一道無形但很堅固、很高的牆堵在我們面前，那就是「孤獨」。當我們十分篤定的向著自己的目標往前跑的時候，內心難免會被孤單寂寞吞噬。

* * * * *

實現夢想的過程，原本就夾雜著放棄與堅持，更充滿著無盡孤獨。在這個過程中，你會不被理解，你會被邊緣化，你會被嘲笑、被諷刺、被討厭、被怨恨、被放棄，會忍受無盡的孤獨……但是這些過程，都不應該成為你放棄夢想的理由。

有人說，成長都是孤獨的。當你一個人的時候，要面對所有事情，而且沒有選擇的權利，因為孤獨是你的必修課。如果你不想隨波逐流，流俗於茫茫人海中，就應該保持你的個性和自我，享受屬於自己的孤獨。孤獨，是每個夢想必須經歷的體驗。

這世上從來沒有別人可以困擾我們，困擾我們的都是自己。你要知道，任何人做什麼事都不可能一呼百應，得到周遭每個人的支持和理解。很多人打擊我們，是因為他們不相信自己能做到，因此也不相信你會做得到。

生活不可能如你所想的那般美好，但也不會如你所想的那麼糟糕。人的脆弱和堅強往往超乎自己的想像。有時，我們可能脆弱得因為一句話就淚流滿面；有時，我們也會發現自己竟然咬著牙走了很長的路。那些身陷孤獨而不感到寂寞和無聊的人，他們一定有著強大的精神在支撐著自己，才能在最孤寂的時候也不凋落，在身處絕境時，內心依然堅定執著。

我們都將面對孤獨，這並沒有好壞之分，只是生活而已，最好的辦法就是做好我們能做的。每當孤燈夜下一個人跑步的時候，表面上看起來，只有你一個人孤獨的奔跑，但是在你靈魂深處，有著許多人和你並肩同行。這時的你不再孤單，而是和眾多志同道合的朋友，一起為實現各自的理想而拚搏。

*　*　*　*　*

也許你還會有疑問，自己有一個夢想，卻總會招來別人的閒言碎語，該怎麼辦？大多數人太過於在乎別人的看法，總是想從別人的眼中尋找自己的存在感，不懂怎麼享受一個人的時光。當夢想照進現實的時候，每一天早晨鬧鐘響起的時候，你是起身一躍還是翻身蓋被，這才是證明自己的最好答案。

在這個年代，很多人憧憬的是物質、名譽與享受，卻很少人去關心自己內心的需求，而且一旦面對孤獨，一顆孤獨的心，才有真正強大的力量。雖說這個過程會很累很辛苦，甚至常常讓你失望，但是我們都將孤獨的長大，終有一天，你會破繭而出，成長得比自己所想的更好。

26

不怕目標遙遠
就怕連想的勇氣都沒有

你是不是曾經想過，五年後，自己會成為怎樣的人，在自己的人生劇本中要扮演什麼角色？美國文學家愛默生曾經說過：「一個人只要知道自己該去哪裡，全世界都會為他讓路。」

雖然人生的道路充滿坎坷，但是只要知道自己該去哪裡，我們總會在柳暗花明處，找到屬於自己成長的快樂。

可是，一個無法迴避的事實卻是，同齡的朋友們大都還處在一邊奮鬥一邊迷惘的狀態中。大家似乎都做著一份不那麼喜歡的工作，領著一般的薪水，過著不那麼如意的生活，不敢想哭就哭、想笑就笑、想走就走，生活似乎從來不肯讓我們輕易的瀟灑。就如英國作家毛姆在《月亮和六便士》一書中所寫：「一般人都不是他們想要做的那種人，而是他們不得不做的那種人。」

我們都是一般人，不得不做的那種人。

那你呢？有沒有想過五年後的自己在哪裡，做著什麼？你有沒有試過某天早上醒來，坐在床邊開始懷疑人生，可是幾分鐘後你依舊刷牙、洗臉、吃早餐、擠地鐵。你連思考的時間都不肯給自己，寧願用標準化的生活來麻醉自己。

一位從事職涯規畫的專業人士，曾意味深長的說過這樣一段話：「我經過多年的工作經歷及觀察發現，與微薄的收入和沉重的生活壓力相比，更讓人內心充滿煎熬的是，大批年輕人並不清楚自己真正想要什麼。他們不知道將來要做什麼，不知道自己要走向何方，不知道自己在哪裡需要堅持，哪裡需要放棄，他們甚至還不知道自己喜歡什麼、討厭什麼。」

現實生活中，很多人就處於這種隨遇而安的狀態，這種隨遇而安並不是豁達，而是在未來面前怯懦的表現。你真正缺乏的是與生活搏擊的勇氣，你害怕挑戰，害怕失敗，因此更多的時候甘願選擇順從。

但是如果連你都不知道自己想要什麼，命運又怎會給你想要的東西呢？更何況時間從來不等人，正因為我們不知道未來會發生什麼，所以才必須隨時確認自己的人生目標。只有當你知道自己想要什麼的時候，並為之努力，世界才會為你讓步。

* * * * *

有一年，一群意氣風發的天之驕子從美國哈佛大學畢業了，他們的智力、學歷、環境條件都相差無幾。畢業前，哈佛對他們進行一次關於人生目標的調查。結果是這樣的：二七％的人，沒有目標；六〇％的人，目標模糊；一〇％的人，有清晰而短期的目標；三％的人，有清晰而長遠的目標。

二十五年後，哈佛再次對這群學生進行追蹤調查。結果顯示：三％的人朝著一個方向努力不懈，幾乎都成為社會各界的成功人士；一〇％的人，他們不斷實現短期目標，成為各個領域中的專業人士；六〇％的人安穩生活與工作，沒有什麼特別的成績，幾乎都生活在社會的中下層；剩下二七％的人，生活沒有目標，日子過得不太如意。

那麼，如何才能成為那三%擁有完美人生的「幸運兒」呢？關鍵就在於你對自己一定要有清晰的人生規畫。當你有了規畫，人生才不會迷惘，不僅清楚自己現在所處的位置，更清楚自己下一步所要邁出的方向。而沒有規畫的人往往被殘酷的世界給規畫掉。

＊　＊　＊　＊　＊

其實，每個人對自己都會有所期待，只是很少有人把自己能夠安排規畫到這種地步。如果你能及時問問自己：「五年後、十年後，我會怎麼樣？」你會發現，你的人生已經朝著自己的夢想越走越近了。如果你期望有朝一日是苗條的，那麼從現在開始的每一天，都要為那個自己少吃一點；如果你希望那個自己穿著喜歡的品牌，那麼從現在起就要為了買下那個品牌而努力賺錢。每一天，都要朝你希望的那個樣子邁進一步。更重要的是，每一天，都要為那個自己做點什麼。

27

別在最該拚命的年紀選擇安逸

最近A公司參加某校園徵才博覽會，主要招聘的職位有三類：第一類是業務行銷；第二類是店面銷售；第三類是行政人員。負責招聘的主管有意讓面試的女生自己做選擇，往往她們最願意做的就是行政，其次是店面銷售，選擇業務行銷的人幾乎寥寥無幾。

即使招聘主管告知，業務行銷的底薪最高，加上業績抽成，待遇相當可觀，還有機會升職為部門經理，而且日後無論轉到其他部門都很容易。但面試者們仍然不為所動，堅持自己的選擇。

說穿了，這些面試者選擇工作的順序與賺錢多少恰好相反，她們是按照工作壓力來做選擇。也就是說，她們寧可找一個壓力小、穩定且清閒的工作，就算賺的錢少，升職機會較小，發展前景一般也無所謂。

我們身邊很多人跟這些面試者一樣，總覺得擁有一份穩定的工作，甚至找一個合適的人，共組一個平凡家庭，便可安度此生。

這正顯現了人的惰性，喜歡待在自己的舒適圈，不想也害怕去改變。在我們的生活還沒有變得最糟糕的時候，得過且過。因為，穩定至少意味著不需要四處漂泊，甚至不必頭破血流，就可以唾手而得你想要的一切；穩定可以讓你無後顧之憂，去做自己想做的事。

相較於努力的生活，過這種「不變」的生活實在是太容易了，它不需要你動腦子，只需要你機械化的過完一整天。

* * * * *

可是，真正的人生之路才剛剛開始，你願意就此故步自封嗎？每當夜深人靜的時候，是不是也曾想起一次次承諾自己要做到的事，一次次答應自己要去的地方。還有你在別人的質疑與否定面前，不停的告訴自己，總有一天，你會證明自己有多優秀，讓那些質疑和否定你的人都感到後悔。再看看你現在的樣子，只剩下一聲嘆息。

其實，你就是對自己太好了，安於享受，卻懶得付出。事實上，那些在最該吃苦的時候尋求了安逸、在最該學習的時候談了戀愛的年輕人，他們的未來可能會很麻煩，甚至會過得不盡如人意。人生很難兩全其美，我們年輕時享受生活了，年老時就會付出代價。

這個世界根本就不存在絕對的安全與穩定，安分守己的人生也不見得有多麼美滿幸福。如果在生命的盡頭，你都不知道此生為何而來，這才是最大的悲劇。當別人都在奮力奔跑的時候，請不要停止學習，不要停止提升自己，不要停止探索生活的不同領域和可能性。

對於二十多歲的年輕人，我有一些建議，一定要多聽、多看、多思考，參加各種各樣的活動，多結交優秀的朋友，多去長見識，而不是天天購物、逛街、刷臉書。到時候你才會明白，在這個世界上，只有一種安全，那就是你的技能和在任何環境下迅速爆發的能力。

*　　*　　*　　*　　*

有些事，我們不試，永遠也不會知道答案。或許你現在已經有一份不錯的工作，無論喜歡與否，既然做了選擇就要努力做好。當然，也別忘了自己的夢想，世界很大，等著你去發現，別讓眼前的安逸阻止你到自己想去的地方。

如果你還年輕，那就不要在最有能力奮鬥的年紀選擇安逸，還為自己找了一大堆冠冕堂皇的理由。只要你用盡全力做好自己，不忘初心，總有一天，你會成為自己想要的樣子。請記住，你若盛開，蝴蝶自來。

28

人生沒有一成不變
改變從不安現狀開始

一位閨密對好友訴說，自己最近覺得好迷惘，糾結要不要換個部門。她說，現在每天都是在重複的工作，枯燥無味，一點意思都沒有，還學不到東西，若是換一個新部門，雖然收入、前景都很理想，但每天都要加班到深夜十一、二點，一想到可能要沒日沒夜的工作，那還不如不換。

看到這裡，你的內心是不是也登楞一下，又是一個不安於現狀、內心躁動不安，卻同時擔心未來的可怕，不敢嘗試、蠢蠢欲動的糾結者。

生活中，很多人總是這樣問自己：要是換個城市，會不會還不如待在這裡？要是換份工作，會不會還不如現在輕鬆？思來想去，我們就開始自己嚇唬自己：當然會，如果改變了現狀，要花更多的時間去適應新環境，放棄現在的一些習慣，很可能比現在還要早起，睡得更晚。

於是，我們得出一個結論：不去嘗試，至少現狀沒有太差。然後，好不容易鼓起的那點勇氣，就這樣被自己無情的熄滅在腦海裡。在往後一成不變的日子裡，我們還不忘反覆叮嚀自己：瞧，現在這樣多好！

在網上看到過一句話：「間歇性躊躇滿志，持續性混吃等死。」看來諷刺，但這確實是很多人的現狀。日復一日的重複，年復一年的重複，確實沒什麼意思，但我們就是懶於改變。一想到一個人離鄉背井的日子，一想到人生地不熟連個知心朋友都沒有的生活，便堅持不下去。當年的熱情澎湃也變成了歲月靜好、現世安穩的祈願，結果只剩下「平凡可貴」的自我安慰。有時候，不安於現狀卻沒有重新開始的勇氣，真的比一無所有還可怕。

某雜誌針對六十歲以上的老人進行一次問卷調查，主題是「你的人生中，最後悔的是什麼？」調查結果顯示：有七五％的人後悔年輕時不夠努力，結果一事無成；有七〇％的人後悔年輕的時候選錯行業；有六二％的人後悔對子女教育不當；有五七％

的人後悔沒有好好珍惜自己的另一半；還有四九％的人後悔沒有善待自己。

原來所有的平庸背後，都有一個不夠努力的人生。我們最大的敵人不是衰老和苦難，而是一顆安於現狀、得過且過的心。能成就我們的，是我們自己，能毀掉我們的，同樣是我們自己。

* * * * *

與友人聊天時，曾有這樣的對話，讓我留下深刻印象。朋友說，人要對自己有點要求，不能安於現狀。如果對自己沒有任何要求，得過且過，很可能過了十幾、二十年後，還是現在的樣子，甚至還保不住現在的樣子。

我們都渴望以自己理想的方式度過一生，卻又害怕改變，不願付出足夠的代價。其實，人生不可能一成不變。改變雖然未必能讓我們到達理想的彼岸，但至少給了人生另外一種選擇。而且從職業生涯來說，年輕是一份非常寶貴的財富，這個時候任何錯誤的成本都不會太高，損失也不會太大，可以讓我們盡情的去嘗試和試錯，可以讓我們自己慢慢明白個人的職業興趣、想要的生活。

當然，並不是說你一定要去為難以實現的夢想埋單，而是不應該在明明可以努力奮鬥的年紀，卻選擇了毫無鬥志，還催眠自己人生就是順其自然、知足常樂。當一個人故步自封、畫地自限，守著腳下的一點地盤時，又怎麼可能看到頭頂上的廣闊天空？

其實，在充滿機會的未來和穩定的現狀之間，我們最應該問問自己，是想要安穩、枯燥的生活，還是要一個更明確的未來。如果你選擇安於現狀，那也就放棄開發自我潛能的機會；如果你選擇做胸懷野心的雄獅，那麼多年以後，很可能會站在碧海藍天之中，擁有你當初所夢想擁有的一切。

有時候，人在工作上難以做出選擇，往往是因為看得太近了；如果能爬上梯子，朝遠處望一望，或許就會明白自己應該做什麼。事實上，很多時候無論你在哪家公司工作，有個怎樣的頭銜，有份怎樣的薪水，你都可以做到更好，只要你願意。而這一切，都是從不安於現狀開始。

29

你是自己人生的導演
別活成父母的續集

如果人的一生可以預設流程的話，大多數女孩恐怕從小就被媽媽設定成相同的人生歷程：找個跟自己選擇類似的人，生兒育女，白頭偕老，甚至就連在什麼時間遇見什麼人，都會事先預設好。

珊和白白從小一起長大，她們分享著青春裡不為人知的秘密，也互相較量著打扮長相和成績。這麼多年了，其實彼此不分上下，但兩個人最大的不同是珊很聽話，而白白從小就離經叛道。

現在，珊在當地的事業單位做著穩定的工作，每月收入一般般，在二、三線城市生活，雖然餓不死但也談不上富有。珊的老公在國營企業，也是穩定到六十歲可以光榮退休的那一天。

有一天，珊卻告訴在外打拚事業的白白說：「我覺得自己是個失敗者，這日子太讓人絕望了。過三十年，我就會像辦公室裡的主任那樣，一天到晚只會嚼舌根。」

聽到這裡，手機那端的白白笑了出來，但卻隱隱感到一陣難過，珊啊，她就是太聽話了。上什麼學校、做什麼工作、嫁什麼老公，這些都是她爸媽早就安排好的，於是，她變成了她媽媽人生的翻版。

對大多數乖乖女和媽寶而言，生活的價值不在於探索，而是安安穩穩走完人生路。當然，這種安寧的生活也是一種幸福。遺憾的是，在這些人身上，我們卻很少聽見誰驕傲的說自己在做喜歡的事，太多人都在抱怨，然後拿一堆藉口搪塞自己。

＊　＊　＊　＊　＊

如果你的夢想是更遠的地方，那一定不能預設好前進的路徑軌道。正如尼采所說：「你不是父母的續集，也不是子女的前傳，更不是朋友的番外篇。對待生命，你不妨大膽和冒險一些，因為好歹你要失去它。」

想想同學會上那些活得精彩的人，有多少人是乖乖女和媽寶呢？如果聽從父母的相親提議，英國女演員費雯麗或許過著平順的小日子，而不是登上奧斯卡頒獎台。如果按照長輩的期待生活，法國小說家喬治桑或許會嫁給和她爸爸差不多的另一位男爵，而法國將不再有第一個穿著長靴、馬褲出沒文學沙龍的另類女作家。

再想想這些年平白辜負了的好年華，是不是實在不堪回首？我們不會比昨天的自己更年輕，不管願不願意，時間都在向前奔跑。誰規定二十五歲前就要把自己嫁掉？誰說三十歲不當媽媽就太老？誰逼著妳必須做到中高階主管？誰覺得妳不可以在事業如日中天時辭職，去學習期待已久的課程？誰要求妳不能以自己喜歡的方式生活？

＊　＊　＊　＊　＊

精彩的生活、美好的家庭，人人都想要，但這往往意味著一次次嘗試、一次次的跳出自己的舒適圈才能找到。有時候，走上一條與當初父母的設想完全不同的道路未必是坦途，用自己的方式獨立思考未來，充滿驚喜和進步，照樣能活出另一片天地。

如果你打算從能力在平均值的團隊裡脫穎而出，那麼你為此付出的必然是不聽話的代價；如果你打算在某個領域創造一點小小的成績，那麼就要有承受非議與質疑的定力。

二十出頭的年輕人，不要為你究竟是誰而煩惱，而是抓緊思考，你可以是誰。什麼是青春？就是給我們機會在走到死胡同時再走回來，而不是讓我們坐在牆角下等死。只要現在你開始覺醒，人生隨時都來得及轉換。

30

爲什麼你讀了那麼多書
卻還是那麼迷惘

某教授去大學演講，一個學生舉手提問：「我就讀一所三流大學，同學們都不怎麼努力學習，對未來也沒有什麼計畫，像我這種一開始輸在起跑點又很迷惘的狀況，到底應該怎麼辦？」

教授的回答很犀利：「在這所三流大學裡，你覺得自己出類拔萃嗎？如果沒有，那恐怕就不是環境的問題。」

對很多年輕人來說，輸在起跑點又很迷惘是一種常態。很多時候，我們可能一開始輸在起跑點，卻又不得不參與人生的各種競賽；更糟糕的是，當起跑槍聲響了，我們還在懵懂之中，心裡想多努力一點，卻又往往不知道怎麼努力。可惜的是，實在有太多人只是因為自己輸在起跑點、目標不夠明確，就一直迷惘的過下去。在太多人眼中，似乎只有一個如夢初醒的目標，才值得我們全力以赴的去奮鬥，又似乎可以像直升機那樣迅速的帶領我們脫離低谷、飛越山川。

你是否曾經想過，當自覺輸在起跑點的時候，困住你的究竟是什麼？其實並不是迷惘，而是你的患得患失。一說到目標，我們總免不了猶豫再三：如果從一開始，我們的目標就偏離了方向，那豈不是白費工夫？結果想得越多，越是寸步難行，時間都花費在絞盡腦汁的思考「我的人生目標到底在哪？」這件事情上。

其實，我們希望的並不僅僅是一個目標，而是一條萬無一失、通向成功的康莊大道。然而，很多事不去切身體會，只能望塵莫及。生活從來都不會憐憫你，機遇更不會優待你，與其渾渾噩噩的過，不如轟轟烈烈的過。

人這一生想獲得的東西層出不窮，你之所以迷惘，只是因為胃口太大，以至於連自己到底想要牛奶，還是麵包都不知道。

＊　＊　＊　＊　＊

中國新東方教育創始人俞敏洪在一次演講中，就曾這樣說過：「我最煩惱的是，現在很多年輕人在沒有任何基礎的時候，就定下目標，像是要成為下一個馬雲，但他甚至還不如馬雲長得好看。」台下一陣笑聲，他又說：「即便是我，也很難看清未來、甚至五年後的走向，而我之所以能走到這一步，和我願意每天都進步一點有關係。」

沒錯，即便你的目標有所偏差，只要動起來，也比原地坐著空想有用。這就好比登山，當你在層巒疊嶂的山腳下仰頭，只能看到距離最近最矮的那個山峰，只有當你攻上這座山頭，才可能看到之前被遮蔽住的更高山巔。而那些口口聲聲說自己多麼迷惘的人，說穿了，只是一個給自己找個台階下、安撫自我內心的藉口罷了。

* * * * *

其實，很多年輕人之所以目標偏頗，往往是因為輸在起跑點、眼光狹隘、知識和精力有限所致。因此，大家不妨先設定一個目標，只要這個目標是現階段的你覺得是值得奮鬥的，那就朝著這個目標狂奔。

在努力過程中，你可以不斷回顧、修正最初的目標，或許更令人感動驚喜的是，在追尋的過程中，發現自己正慢慢朝著正確的方向行駛，哪怕走的是一條當初根本始料未及的航道。當你有了方向，確立了目標，開始前進時，你覺得還有時間迷惘嗎？

31

進入職場
你是否還保持著學習的能力

大學畢業後，和無數苦惱的畢業生一樣，ＣＣ過著沒有車、沒有房的平凡日子，可是曾經那個念書時不被看好的女孩，畢業後卻竟然成為一個羨煞旁人的女強人。因為ＣＣ始終相信，每個階段裡自己所付出的努力，不論多少，都會帶她到達不同的人生。

踏出校園後，ＣＣ從未放棄過任何一個可以學習的機會。每週四晚上，她都會堅持上一堂法語課；每半年至少讀兩本書、看三部電影；每天都會擠出一點時間專注寫作的夢想；每個月都會有計畫的拿出部分薪水理財；每三個月出現在瑜伽課的次數不少於二十次……短短不到五年，

ＣＣ比剛畢業的時候開朗多了，苗條多了，視野也更加開闊。最重要的是，她對世界越來越多的好奇與探索，不只充實了腦袋，也充實了生活。

我們從大學校園裡能帶走的、最寶貴的東西，並不是那張畢業證書，也不是穿著學士服的畢業照，而是一種堅持學習的能力。很多時候，「本事」才是你的本錢、你的修養。你只是大學畢業，但是人生的學校從來不停課。雖然總有人說，歲月是把殺豬刀，可是只有你才有屠宰自己的權利。

* * * * *

任何時候都不要放棄學習，不要放棄向上的力量。一個人行走江湖，學習的東西越多，你能獲得的快樂就越多，而且受到命運擺布的可能性就越小。如果你不夠強大，就算是肝腦塗地，也不會有人幫你。

或許有人會說：「我都已經大學畢業了，抓緊時間去賺錢，不是更好嗎？為什麼還要讀書？」「我都快三十歲，已經結婚生子，現在的生活挺好、挺穩定，還學什麼？」

聽到這些話，總讓我覺得特別惋惜，妳還那麼年輕、那麼有潛力，怎麼可以這樣輕率的限定自己的人生？妳就能確定，從今以後不會跳槽、不想加薪嗎？妳就能確定，以後不被公司派去接待外賓、不出國旅行嗎？妳就能確定，妳的孩子不會在未來的某一天抬起臉天真的問：「媽媽，您怎麼什麼都不會？」

人生還有很長的路要走，為什麼就不肯相信自己可以成為一個更好的人呢？如果餓了，會做一桌好菜，不是一件很酷的事情嗎？失戀了，提筆畫幾幅畫，不是一件很美的事情嗎？不喜歡一份工作就果斷放手，照樣能找到更喜歡的事情做，不是也很有成就感嗎？

你要相信，人生是一個厚積而薄發的過程，只有不斷的學習，看到每天進步的自己，才能一點一點靠近那些看似遙遠的夢想。

32

用當下的工作
餵養你的夢想

在一次徵人博覽會上，某公司錄取了大批應屆本科和研究所畢業生。其中有一個助理的職位，是HR主管經過多次面試後親自錄用的一個女孩，知名大學研究所畢業，機靈活潑。

女孩上班後，從工作流程到待人接物，HR主管都手把手的教她。雖然只是職場新人，這個女孩學得很快，很多工作一點就通，跟同事也相處得很融洽。後來，HR主管又慢慢的讓她嘗試去處理部門之間以及分公司之間的業務聯繫和溝通。

剛開始，女孩經常出錯，很緊張的她，就去找HR主管談話。後來她仍然出錯，又去找HR主管，這次談話比較深入，女孩有個困惑，就是為什麼總是讓她做這些瑣碎的事情？

ＨＲ主管問她，什麼才是不瑣碎的工作？女孩卻答不上來，只是強調以自己的能力，應該做一些更重要的事情。主管說，先把手頭的工作做好，先避免低級錯誤的發生，再循序漸進。

三個月後，這個女孩提出辭呈。至於離職理由，她也說得很坦率：研究所學了兩、三年，功課優秀，沒想到畢業後工作，每天卻要處理一堆瑣碎的事情，沒有成就感。辭職後，她一年內換了三份工作，每一次都堅持不了多久。而且每一次的理由都是：新工作不是她想要的。

很多年輕人在還沒畢業的時候，總感覺自己很有能力，可以混得不錯。可是，畢業幾年後才發現，真實的社會跟學校完全是兩個世界。那些不懂思考、不善規畫的人，往往會走上一條得過且過的路，懶散的混著日子，這樣的人無疑是接受了平庸而卑微的生活，也失去了年輕人本應有的衝勁和幹勁。

＊　＊　＊　＊　＊

你憑什麼在二十多歲的時候，就界定工作的好壞？其實，在未來的職業生涯裡，我們大多數人都很難預測未來將從事什麼樣的工作，或者工作是否與自己的專業有關。事實上，大多數人所做的工作，很可能跟他們當初所學的一點關係都沒有。

然而，現實卻告訴我們，大學畢業後的四年，重要的不是你做了什麼，而是在你不知道自己的人生將會怎樣時，就先埋頭工作。因為這些年的經歷，會是你日後職涯的基礎。

很多年輕人覺得現在的工作微不足道，人人都能做好，沒什麼了不起。其實很多時候，平庸的人與卓越的人在本質上只有一個區別：那就是擁有投入的去做好一件事情的能力。

你可以出於喜好去做一份工作，也可以出於野心去做一份工作，或為實現自己的事業只做一件事情，但絕對不要因為好高騖遠，而去做一份看上去簡單而容易的工作。要知道，正是這些簡單的工作，循序漸進、隱約的成為你與別人今後發展的分水嶺。

＊　＊　＊　＊　＊

正如日本四大「經營之聖」之一的稻盛和夫所說：「凡是功成名就的人，無一不是歷盡艱辛，努力不懈，埋首於自己的事業，才獲得巨大的成功。透過堅苦卓絕的努力，在成就偉大功績的同時，他們也造就了自己完美的人格。」

透過艱苦的勞動磨練自己的人格，修身養性，這樣的道德說教，或許很多年輕人會不屑一顧，但是如果你想好好活，就得好好做，這一點至關重要。而工作，無疑就是提升心志、磨練人格的修行。

我們的人生應該由自己掌舵，而不是隨波逐流，工作時就努力做好。人生無法重來，但可以努力過得更好。

33

現在躲過的
總有一天會找回來

有個朋友失業了，她開始上求職網找工作機會，參加一次次的面試，但卻很少被錄取。每次面試的時候，她總是被問到一些自己不會的工作內容。

後來，一位老同學幫她分析原因，就問她：「這個你應該做過吧，這不是你們這個行業中很基本的工作內容嗎？」

她的回答卻總是：「當年是別人做的，我都沒碰過。」「那可是個苦差事，誰都不願接手，我當然也不想做，誰知道今天用得上啊！」

類似這樣的故事不在少數。有位三十五、六歲的前輩，眼看著馬上就要奔四了，孩子年紀尚小，家中長輩又到了需要人照顧的時候，職場裡又有著一群充滿活力、薪水低的年輕人，正如潮水般蜂擁而來，讓她感覺到壓力很大。

更要命的是，這位前輩在公司裡的能力很一般，跟很多年輕人屬同一級別，雖然家裡不缺錢，但是天天跟一群九〇後一起混，心裡難免會有些不舒服。可是她又不想辭職回家當全職主婦，更擔心一旦沒了經濟能力，將來婚姻會有問題。

一想到眼前的困境，前輩就輾轉難眠，思來想去，覺得造成今天這種狀況的最直接原因，還是自己當初的選擇。她結婚後，想著老公賺的錢還挺多，自己不用那麼努力，差不多就好了，工作上也都不爭不搶，能推給別人的絕對不碰，天天準時下班，沒事就逛街美容……她覺得，就是受到這種心理的影響，才造成自己現在的局面。

嫁個有點錢的老公，找份不操心的工作，是很多女孩渴望的一種生活。可是這位前輩的現狀，卻赤裸裸的告訴我們，混日子一天兩天還可以，可是三五年後，差距就會顯而易見。生活不會自動為你鋪路，躲過去的，總有一天會找回來。

如果一個人得過且過的混日子，不懂得思考未來，想想日後的路該怎麼走，就等於安於現狀，接受平庸而卑微的生活，失去年輕人本應該有的那種衝勁和幹勁。更可怕的是，當你懶懶散散的消磨日子時，卻感覺不到自己在墮落，生活品質在降低。

時間是最寶貴的資產，也是最昂貴的成本，更是上天最公平的給予。但是很多人卻感覺不到，時間正在一點一點的消逝。尤其當年齡一年一年的增加時，雖然外表看似年輕，卻掩飾不了內心的恐懼。比你年紀大的人總會安慰說：「你還年輕，有的是時間。」但，這是真的嗎？直到有一天你都奔三了，就會開始慌亂。

* * * * *

無論你是創業，還是打工，都要記住，你不是在為別人工作，而是為自己工作。多接幾個工作，多寫幾個文案，多交幾個朋友，都能學到一些東西，而且這些都是別人奪不走的，無論何時都可以增加你自己的籌碼。如果只想混日子，是不會有任何前途的；你混日子，就是日子混你，說到底，自己才是真正的輸家。

如今，很多二十出頭就畢業找工作的年輕人，看著身邊好多二十五、六歲的前輩，不過就比自己職位高一點而已，生活上也比自己富裕不了太多，就因此覺得自己年紀還小，未來的路還很長，可以好好加把勁，等到自己二十五、六歲的時候，工作和生活一定會比前輩們強很多。結果，三、四年一眨眼就過去了，當自己真的到了二十五、六歲時，才發現當初預想的事情一件都沒有發生。也許僅僅比曾經這個年紀的同事好一點而已。

這些年輕人的問題，就出在總覺得自己還很年輕，起步早，有的是時間，結果就蹉跎了年輕歲月，用盡了青春。現在的自己，雖然一點都不敢懈怠，但是身體狀況已經無法回到剛畢業的時候，現實生活中也還有很多其他要關心、擔心的，就算你很努力，也無法再回到過去，只專注做一件事情的時候。

* * * * *

對於剛畢業的年輕人來說，在剛開始工作的頭三年，一定要盡量什麼都做，不要計較，並且努力做、拚命做，即便有多餘的精力，也不要太過沉迷於自由。縱然這段時間是最辛苦的，薪水也是最低的，你可能因此覺得付出和回報有很大的差距，但這卻是人人都願意毫無保留教你的三年時間，更是奠定你未來職場生涯基礎的關鍵期。

我們還都太年輕，滿腔熱血、無所畏懼。何不讓自己的努力沸騰起來，而不是一點一點磨滅在各種教條，或者旁人那些聽上去還算有理的話語中。反之，那些曾經躲過的辛苦，逃過的困難，自以為幸運沒有分配到自己頭上的苦差事，總有一天，會成為你未來職涯的絆腳石。

34

你的敬業
會讓整個世界刮目相看

每個人都希望自己的工作、生活，以及人生，處處充滿精彩，一些人透過「敬業」實現了自己的願望，而一些人卻無法走出平庸的模式。其實人與人之間的能力都差不多，但是人與人之間的想法卻相去甚遠，而敬業與否，就是眾多想法中的一環，這種想法上的差異，會產生極為不同的結果。

現代最偉大的美國「成功學之父」拿破崙・希爾，早年曾經聘用一位年輕小姐當助理，她的主要工作就是替希爾拆閱、分類及回覆大部分私人信件，由希爾口述，她來記錄信件的內容。

有一天，希爾說出這句大家熟知的格

言：「記住，你唯一的限制，就是來自你內心所設下的藩籬。」從那天起，這位女助理就把這句格言深深記在心裡，並付諸行動。每天她都會比其他速記員提早到辦公室，晚餐後又回到辦公室，即使做一些不是她分內、或沒有報酬的工作，也都沒有怨言。

後來，這位女助理開始研究希爾的寫作風格，不等他的口述，就直接把寫好的回信送到老闆辦公室。由於她的認真，這些信回覆得就像希爾自己寫的一樣好，有時甚至更好。

有一次，希爾的私人祕書辭職了，當他想找人替補這位男祕書的空缺時，很自然的想到了這位女助理。可是，當時這位女助理的工作效率很高，她的價值遠勝於工作本身，加上她的進取心和愉快的態度，讓公司氣氛更加和諧美好，所以很多更好的職位都等著她選擇。也因此，希爾破例一再提高她的薪水，光是佣金就超過她當初當一名普通速記員的四倍之多。

* * * * *

如果只是跟著前人如出一轍的想法去思考工作，那可以肯定的是，這個人還被經驗的框架所束縛。如果工作只是為了每個月準時入帳的薪資，那可以肯定的是，這個人還被浮躁的心態所控制。如果一個人經常褻瀆自己的工作，經常想著如何再賺點外快，那麼他根本就沒有沉穩可言，更談不上敬業。

在當今煩躁的社會上，這種人越來越多，很多初入社會的年輕人總認為，上班工作都是在為老闆掙錢。既然是為了別人工作，所以能混就混，公司虧了也不用自己承擔，有的人甚至還扯老闆的後腿。

而看得遠的人，則會在工作中養成敬業的習慣，表面上看是為了公司、老闆，其實是為了自己。這些人能從工作中，學到比別人更多的經驗，並且受人尊敬，更極易受到主管的提拔，因為沒有老闆不喜歡敬業的員工。

很多人認為，敬業只有利於公司，有利於上司；其實，敬業是一個人對自己工作所抱持的穩定心理態度，是促進我們心理成熟的催化劑，所以最大的受益者就是自己。而一個不敬業的人，往往不夠自信，也從未體會過快樂工作的真諦，因為當你把本屬於自己的工作推給別人時，也同時拒絕了一次成長和發展的機會。

很多時候，當我們以一種極致的態度和專注的意念，去砌一面牆，種一朵花，寫一首詩，設計一間房子，成就一段職業……我們有理由去相信，不管多麼堅實的門，終有被你推開的一天。

35

沒錢沒資歷
格局決定你的未來

對許多人來說，貧窮只是一個符號，可是對於那些深陷貧窮之苦的人來說，他們生活裡的每一件事，都被鏤刻上貧窮的印記。

琳在大學四年過得很艱辛。大學四年她幾乎沒向爸媽要過一毛錢，都是靠獎學金、助學貸款走過來。大學四年，她連宿舍的自助洗衣機都沒用過，全都是自己手洗。夏天也就罷了，可是到了冬天，天寒地凍的，整棟宿舍只有她一個人會在公共浴室裡手洗衣服。

這樣的生活一旦出現了什麼波折，更是不堪負荷。那段日子裡，她先後經歷了爸爸生病、外婆的喪禮、哥哥的婚禮、爺爺的喪禮，無一不是龐大的經濟負擔。對許多人來說，遇上這些事，應該是沉溺在歡喜、悲痛情緒中，但琳卻沒有時間去處理情緒問題，就不得不思考，如何籌到錢來解決這些事情。

*　*　*　*　*

也許，你會說貧窮太可怕了，甚至以為，琳會因此變得很自卑。但事實上，正是因為貧窮，讓琳深知貧窮的苦；正是因為貧窮，讓她清醒的認識到雖然日子貧窮，但是她還擁有青春。所以，她更努力去過自己想要的生活，父母沒能給的，就自己去爭取。她一步一步為自己構築出希望，讓自己成為想要的樣子，過自己想要的生活。

貧窮很可怕，但更可怕的是，因為貧窮喪失了生活中的一切，甚至喪失了鬥志。不少人都曾經有過貧窮的經驗，就像我們也都曾年輕過一樣；那段一無所有的日子雖然辛苦，但也很容易塑造一個人。

坦白說，琳也曾感到自卑，外人說的話，會無意間戳到她的敏感神經，但是因為她不甘心一輩子過這樣的日子，所以從沒有放棄過鬥志。她不會因別人無意間傷害了自己，就覺得對方別有用心，而是輕鬆回應一句，「沒關係，我不介意」，或者說「我已經習慣了」。其實，當她的心早被生活一次又一次的淬鍊著，雖然依舊敏感，但早就堅如磐石。

＊　＊　＊　＊　＊

很多貧窮的人總愛談論這個世界的不公平，可追根究柢，那都是自己一次次選擇的結果。你沒有錢，沒有關係；沒有資歷，也沒有關係。但是，你擁有青春、熱情和夢想。格局的大小，在很大程度上就決定了我們人生會有怎樣的走向。雖然你一無所有，但青春是最富有的貧窮。

生命是為自己而存在，青春就是最好的增值期。有人說：我沒財富，但還有青春可以去奮鬥；而沒了青春，我便再也找不到回去的路。沒有人說，努力就會成功，但總有人說不努力就會平凡。因此，在我們最美的年紀，何不留下一點點不平凡的回憶。

生存智慧 ❸

孤獨，是每個夢想必須經歷的體驗。

chapter 4

世界讓我遍體鱗傷
但傷口長出的卻是翅膀

生命注定要經歷一次次磨難，才能磨練出與眾不同的樣貌；

所有的經歷都是獲得，所有的獲得都是上蒼給予的恩寵。

願你永遠年輕，永遠熱淚盈眶。

36

跟著別人投資房子、股票 不如投資自己

三年前，D先生在某個小城市擔任倉庫管理員的工作，拿著勉強度日的薪水，那時他二十七歲。每天除了上貨、下貨、出貨、開升降車，就是看電視、玩手遊，日復一日，單調乏味。

直到有一天，D先生突然驚覺，不能再繼續過著這種重複無味的生活，也不能繼續這麼渾渾噩噩的過日子。於是他辭去了工作，拿著這幾年工作存下的幾萬塊隻身一人到了上海。他花掉一半的積蓄報名一家很有名氣的設計學校，開始為期三個月的短期培訓，又拿出一部分錢在學校附近租了一個小房間，每天兩點一線的生活學習。

就在銀行存款快花完的時候，他找到了第一份工作，在一家新創公司做ＵＩ設計，月薪勉強度日。工作之餘，只要有閒暇，他就去參加各種設計開發者大會，自學前端的基礎知識，花時間琢磨那些優秀的產品如何設計出來。

後來，在一次大型就業活動上，Ｄ先生被一家著名網路公司的工作機會所吸引，這家公司在業界小有名氣，要是幾年前，他完全不敢想像去爭取這樣的機會。可是這一次，他打算去拚一把。幾年來，他靠著不斷提升的作品質量、同事們的正面評價，以及他對這個工作機會的渴望，最終獲得了這個職位，月薪翻倍調漲。

後來Ｄ先生與朋友聊到這一次換工作，他淡淡的說：「我的薪水確實因此增加，但最關鍵的是，我又找到了能夠提升自己的機會，公司裡有更多更好的專案可以做，身邊也有更多厲害的人可以學習，可以接觸更多先進的資訊等等，這才是我覺得更有價值的事情。」

＊　＊　＊　＊　＊

對於年輕人而言，在知識經濟時代，最好的投資其實就是自己。有一句話是這麼說的：「一般人在三十歲之前都賺不到大錢，但三十歲之後要賺大錢的前提，則是要看你三十歲之前有沒有投資自己。」

為什麼在同樣的時間內，有些人走上顛峰，成為人生贏家，而有些人卻在朝九晚五的工作中，逐漸走向平庸。也許其中的差異就在於如何利用時間好好投資自己。要知道，對於每個人來說，時間是唯一的本錢，而且一去不復返，你的選擇最終決定了你的未來。所以，與其把太多精力放在不穩定的投資上，不如轉念，回歸自己本身。投資自己，也是在豐富自己的生命。為此，你不妨多做一些有意義的事情，保持追求新鮮事物的求知欲和好奇心，努力讓自己升值，那麼一切皆有價值。

* * * * *

有一位住在三線城市的年輕人，在當地一家國營企業做著一份穩定的工作，可是對於自己的未來，卻感到有些迷惘。每天只是重複的工作、上下班，這種狀態持續了很多年。偶然間，他發現自己很喜歡做ＰＰＴ，於是開始在下班後，花了不少時間學習、研究。

之後，他的ＰＰＴ技術變得很強，甚至可以去別家公司講課，也可以透過ＰＰＴ技術完成更多事情。有了這份自信，他對之前那份所謂的「鐵飯碗」工作的依賴性也越來越低，因為他明白，自己的能力提升了，以後不管到哪兒都不會餓著。

＊　＊　＊　＊　＊

很多時候，你必須花心思投資自己，才能在未來收穫更多。以十年的長度來看，沒有什麼是比投資自己更好的投資了。投資不僅僅代表著能換來金錢，那不過是身外之物，儘管我們生存確實需要，但不如我們的生命之美重要。

想一想，這個世界上所有的投資都有風險，假如有一天，你一敗塗地了，什麼東西能把這一切再重新賺回來呢？只有你自己，因為只有你才具備這個能力。

當我們把自己的人生觀放大、放遠，把投資自己、豐富生命，變成一個綿延不絕的目標，我們就會發現，生活少了很多枯燥的模樣，生命卻多了不少美麗的嚮往。

如果你對現實有些失望、對自己的前途有些迷惘，那麼就從現在開始，投資自己、豐富生命吧！既然現在開始不晚，既然時間這麼公平，你想做什麼，那就放手去做吧！終有一天，時間會給你回饋，讓你成為更好的自己。

37

當你喊累的時候
還有人正在努力前行

說到吃苦，雖然我們還是不免會痛徹心扉，但在「痛定思痛」之後，卻可以增強我們的內涵，修正我們的行為，而這其實就是一種進步，一種成長。

很多時候，我們不得不承認，現在許多優秀前輩的成功以及傲人的成績，都來自他們曾經吃過的苦，流過的淚，熬過的夜。正因為他們每一天都過得踏實，過得心安，所以也值得享有應該得到的一切美好與光芒。

羅先生畢業後就一直從事與專業相關的工作，六年過去後，他已經做到行業頂尖的位置，按理說，照這條路走下去，前途一路光明，但他總覺得這種活法未免太過順利，而對傳播媒體行業的熱情，始終敲打著他那顆按捺不住的心。

後來，羅先生在即將步入而立之年時，毅然放棄了原來優渥的生活條件，來到北京一家傳媒界口碑最好的公司，決定從頭開始。然而，他面對的第一個嚴峻考驗，就是與剛剛畢業的九〇後一起並肩作戰，並且拿著最基本的薪水。

但是這並未打垮羅先生奮起直追的勇氣，他自覺起步晚，不擅長寫新聞稿，就把公司過去的新聞稿都一篇篇背熟；英文基礎一般，就邊查英文字典邊熟悉客戶資料；欠缺商業背景，就自學商業管理方面的書籍。

早年剛到北京的時候，羅先生還沒有車，而且當時的地鐵也不是很發達，更到不了那個離公司三十多公里的租屋處，於是他每天只好坐三趟公車上下班。因為起步晚，就要比別人用功，加班到深夜一、兩點更是常態。之後的幾年間，羅先生的職位三級跳，也贏得越來越多客戶的信任。十年下來，更累積了令人羨慕的成就。

也許你認為自己也是個能吃苦的人，但是你能不能想像一下，在每一個寒冬的早晨，每一個夜深人靜的小巷，每一個大雨滂沱的糟糕日子裡，你會不會一如既往的堅持著夢想？你能不能忍受得住所吃的苦？

* * * * *

很多人看到成功的人，總覺得人家是有天賦，才能做到今天的成績，卻忘了每一個光鮮亮麗的今天，都有一個飽經風霜的曾經。

看了電視劇《杜拉拉升職記》，你就覺得外商公司真好，人人說著一口流利的英語，拿著讓人眼紅的薪水；看到做房地產的朋友，每天和有錢人出入名流會館，你就覺得做房地產好賺；看到一條妙不可言的廣告，你就覺得做營銷好潮，可以盡情揮灑自己的創意。

可是，你曾想過這些你眼紅著，稱之為一圓夢想的人們，其實並非你看到的那樣簡單。別人所吃的苦，很可能是長年每天只睡五個小時；別人所吃的苦，很可能是隻身一人遠在他鄉奮鬥追夢；別人所吃的苦，很可能是為了一個好點子，在僅有的幾天之內，啃了幾十萬字的資料，讓自己從一個門外漢變專家。

這些你羨慕到幾乎要膜拜的成功人士，很可能無數次摔倒在泥巴裡，甚至讓別人從自己的身上踩過去。但是，就因為他們敢於吃苦，所以才能夠承擔得起那種厚重的魅力，他們的一切也經得起歲月的考驗。

* * * * *

人人都想過好日子，但你得先有過好日子的能力。如果老天對你百般設限，請不要磨滅對自己的信心和奮鬥的勇氣。當你想要放棄時，一定要想想那些起得比你早、睡得比你晚、跑得比你賣力、天賦還比你高的成功者，他們早已在晨光中跑向那個你永遠只能眺望的遠方。那些看著別人的勵志故事，就想著「我也要像他一樣」去努力的人，永遠也配不上自己所受的苦。

沒有人的青春是在紅地毯上走過，如果你為人生畫出一條很淺的吃苦底線，就請不要妄圖跨越深邃的幸福極限。如果你夢想成為那個別人無法企及的自己，就應該選擇一條屬於自己的道路，付出別人無法企及的努力。

38

每個對自己認真的人 都值得被獎勵

大三那年，阿豪執意退學，一個人帶著僅有的幾千元來到北京。沒有一技之長的他礙於情面，又不想做技術難度低的工作。就這樣，在北京晃了兩個月之後，發現錢包只剩下不到幾十塊。那天晚上，阿豪在地下室的租屋處，糾結著要不要打電話給家人求助。

第二天早上，阿豪穿著散發霉味的衣服出門，用僅剩的幾塊錢買了顆饅頭和一瓶水。吃完之後，一個人漫無目的的走著，累了，就在馬路邊蹲坐下來休息。此時，天色漸暗，也許是他穿得太破了，有一個路人把空水瓶扔到他的腳邊。

阿豪突然意識到，他這二十年來竟然

如此荒廢，內心充滿強烈的無助、委屈，與無能的憤怒。他一直盯著那個空水瓶看，終於彎腰撿了起來。撿起第一個，後面的就輕鬆多了。

那一晚，阿豪竟然撿了滿滿兩大袋的空瓶。正好他租的房子旁邊就是一個資源回收站，他賺到了幾百塊錢。那天晚上，阿豪手裡握著這些錢，在自己被窩裡大哭一場。因為他怎麼都沒想到，當他毅然決然到外面的世界闖一闖的時候，第一筆收入靠的竟是「撿破爛」。

一個月後，阿豪跟著一起住在地下室的室友去送快遞。兩個月後，他找了一份送外賣的工作，下了班就在燈光下看書。幾個月後，阿豪被經理調到辦公室打雜。因為他勤奮好學，領悟力又強，當上了經理的助理。接著，他重新回學校完成學業。畢業後，從事互聯網工作，事業做得風生水起。

阿豪的經歷看起來可能一點都不好玩，很多人也可能無法理解，為什麼他要把自己逼到這麼無助的角落。不過，誰都會遇到倒楣事，你的任務是想辦法把壞事變成好事。不管處境多麼狼狽，也不用害怕，因為一個人的潛能無窮，只是我們往往要在絕望的時候，才會被激發出來。

生活不會平白無故給你想要的，也許在跌跌撞撞後，你才能看清楚，所有的磨難也是一種歷練，是我們變得更好的機會。如果不是那段時間的落魄，阿豪可能還是跟同年齡的人一樣混日子，眼高手低，當然也不會有現在的心智和能力。

遺憾的是，我們常常得過且過，從來都沒有認真想過為自己日後的生活儲備點什麼。我們總是喜歡多想，喜歡預設會發生的各種困難，然後自己嚇自己，這樣不行，那樣也不行。當我們總是想得太多的時候，反而會成為禁錮，讓自己無路可走。這世間從來不會無路可走，既然逃無可逃，何不迎上前去拚到底。我想，總會有一條路能帶我們走向最想去的地方。

* * * * *

在大城市熙熙攘攘的人群中，穎穎就是這樣一個人。大學時，她不只一次對最知心的室友說：「我一定要在畢業後兩年內，讓我爸媽住上新房子。」室友一直以為她只是說說而已，因為本科畢業生兩年的薪水相較於新房子首付，簡直就是杯水車薪。

沒想到兩年後，她竟然兌現了自己的承諾。

穎穎還在念國中的時候，父親就因腦中風癱瘓在床，母親為了照顧父親，不得不辭去工作，這讓原本就是低收入戶的家境更加雪上加霜。從那之後，穎穎就開始自力更生，她先從標竿學校轉到普通中學，校方不僅不收她學費，還發給她足夠生活的一筆獎學金。

上大學後，她又申請助學貸款，有時間就去打工。從每小時數百元的家教到做各種小生意。不可思議的是，即便如此忙碌，也沒有耽誤她當上學生會的副會長，成為全校學生欽佩的「厲害的人」。

過得如此拚命、如此辛苦，卻從未聽過穎穎任何一句怨言。她只是偶爾會說：「其實我也羨慕那些能無憂無慮長大的人，但是沒辦法，我有責任。」所以大學四年，辛勤打工賺錢的她，每年還會拿一點錢貼補父母生活費。

畢業之後，穎穎被一家知名房地產公司錄用，由於業績表現突出，薪水節節高升，才工作兩年，她便開心的告訴父母：「我們要住進新房子啦！」

很多和穎穎一樣的年輕人，沒有名校光環，沒有傾城容貌，也沒有隻手遮天的富爸爸，在芸芸眾生中，他們都是那麼平凡又普通，雖然在自己選擇的道路上踽踽獨行，但是仍然一步步前往那個最想去的終點，最終活出了最好的自己。

＊　＊　＊　＊　＊

人們往往只看到自己願意看到的美好事實，不太在意或忽略了別人成功之前的種種辛苦經歷。人生如此豐富，豈能用輸贏一概而論？所以，我們才會有機會見到那些曾經不怎麼樣或挺倒楣的人，經年不見，厚積薄發，過得很好。

有時候，我們必須墜入黑暗的深淵中，才會發現光明。很多時候就是這樣，路在越走越寬之前，恰好是因為無路可走。

39

沒有退路時
往哪走都是前進的方向

這些年，朋友A過得不算好，事業、愛情沒有一樣順利。如今，他整天渾渾噩噩，過著頹廢的日子。其實，每當他決定一件事的時候，都會留後路給自己，也因此，他不曾使出全力去完成既定的目標。

很多人常常因為沒自信，害怕失敗後的局面無法收拾，所以在出發前就預設了其他的「備案」，也就是所謂的「退路」。但是，你有沒有想過，為自己準備退路的同時，其實就是在後退。因為立志不堅，把精力和時間投入退縮的準備上，甚至在挫折還沒到來之前，他們就開始庸人自擾，徬徨失措。所以，當困難一個接一個到來時，他們只好一步一步往後退，最終將無路可退。

現實生活中有很多這種人，他們總希望能有一番成就和作為，卻意志薄弱，沒有必勝的決心，不敢破釜沉舟；於是做起事情左搖右擺，沒有堅定的信念，一遇到挫折和困難，就馬上縮回去。之所以失敗，不是因為困難太大，而是因為退路太多。

＊　＊　＊　＊　＊

其實這世上從來就沒有「退路」一說。昨天的時光已經過去，成為永恆的歷史，只能在歷史的曾經裡，留下一點記憶在你的心底。我們常說，要給自己留條「後路」，那不是用來「退」的，只是重新開始另一條路而已。因此，站在時間是永遠前進的理論基礎上，這世上根本就不存在「退路」。

反倒是那些不給自己留後路的人，才能竭盡全力，積極進取，就算遇到各種困難，也不會退縮，因為回頭也沒有路了，不如不顧一切的勇往直前，或許還能找到一線希望。就像生活壞到一定程度就會好起來，因為已經無法更壞了，沒有退路的時候，正是發揮最大潛力的時候。如果我們身後沒有退路，就試著把眼前的路走順。只要堅持，不留退路，老天自會幫你。

很多時候，人就是得逼自己，不要覺得還有後路。而是要時時刻刻告訴自己，已經沒有退路，必須要闖出一條路。有了這種「拚命」和「豁出去」的信念，才能徹底消除心中的恐懼、猶豫和膽怯，最後「置之死地而後生」。

所以，永遠不要走上自己的退路，就算有一天逼不得已，也希望你已經拚盡了全力，真的沒有其他選擇，才走上這條退路。若非如此，走上退路的你，遲早有一天會因此後悔自己當初不夠堅持，後悔自己當初不夠拚命。所以，為了日後的你不再後悔，請不要留給自己太多退路。

在這個善變的世界，處處都充滿考驗。如果有一天你覺得快要撐不住了，想往後退時，千萬別回頭，請咬著牙再向前走一步，或許，原本不順的路就會漸漸改變，那時你會發現，朝陽就在前方。

40

成功者沒有告訴你
故事的背後

有一位寫自我成長和生活智慧的暢銷書作家曾這樣說過：「卓越，不是一種技巧，而是一種態度。」

我們常在不少文章中，或在一些成功人士所分享的生活經驗中，聽到「態度」這兩個字。而這位作家之所以會寫下這個句子，發出這樣的感慨，其來有自。

因為在這位作家幾十年的生命歷程中，有過兩次和「態度」有關，甚至是令人刻骨銘心的痛楚和覺醒經驗，從而促使她用一種更加深刻的心情去看待。

＊ ＊ ＊ ＊ ＊

第一次經驗是作家剛上大學的時候。那天，她正在街頭等公車上學，身旁站著一位金髮碧眼的年輕男老外。可能是因為等車的時間有點長，老外為了打發時間，轉頭問也在等車的她，就讀哪個科系？

當時，作家沒什麼和老外直接用英文對話的經驗，突然緊張到完全記不得自己就讀科系的英文該怎麼說，結結巴巴了老半天，一句話也答不上來。

就在她滿臉通紅、結結巴巴的時候，她突然感覺到，老外正用鄙夷的眼光和臉色斜眼看著自己，冷冷的撂下一句：「妳確定自己是大學生嗎？」還沒等她回過神，老外就轉過頭去，不再瞧她一眼。

自從發生這件事後，作家就暗自下了決心，一定要好好學會英文對話。但那時，作家還沒領悟並學到「態度」的真正含義。

＊　＊　＊　＊　＊

第二次經驗發生在巴黎，在作家眼中，這段往事實在有些慘痛。

當時她在巴黎念書，為了省下地鐵錢，每天都走三站的距離，往返學校和住處。在前往學校的途中會經過一排精緻的小店，她每天都會戀戀不捨的背著大書包，瀏覽商店的櫥窗，不知不覺中，就走到了學校，也不覺得這段路途有多遠。

在那排精緻的小店中，有一間服裝店尤其特別，對於當時像她一樣手頭拮据的窮留學生來說，每天「櫥窗購物」，看著漂亮的櫥窗和裡面陳列的衣服，就能滿足她小小的虛榮夢想。

有天早上，她在上學途中驚喜的發現，這家服裝店貼出換季打三折的告示。當時她就想，下課後可以進去看看。

想必很多女性朋友都有過相同的經歷，儘管每天都會經過一些心儀的店家，卻從來沒敢走進去過，作家也是。所以到了那天下午，她終於走進這間特別的服裝店，裡面除了左右兩排吊掛的衣服之外，店中央還擺了兩個堆滿衣服的花車，許多人已經在那裡挑選並試穿衣服。

作家先怯怯的走近推車，翻看價格吊牌，拿起一條長裙，又怯怯的詢問店員可不可以試穿？

結果，那條長裙並不適合她。於是，她又拿起了另外一條裙子，可還是不合身。就在她打算從花車裡準備翻找第三條裙子時，那位法國女售貨員竟當著眾人的面，擋住了她的手，冷冷的說：「妳不可以再試穿了！」

那一刻，作家只覺得全身的血液都湧到臉上，全身更因店員的羞辱而輕微的顫抖起來，緊接著，她感到一陣暈眩。最後，她慌亂的從收銀台旁的飾品架上拿了一串項鍊，幾乎是以「玉石俱焚」的心情，花了一百法郎買了下來，頭也不抬的飛奔逃離了那家服飾店。

在作家一路跑回住處的路上，灰濛濛的巴黎天空正下著毛毛細雨，她滿腦子裝滿了剛剛發生的傷痛和羞辱。當天晚上，等心情稍微平復之後，她躺在床上強迫自己回想下午所發生的一切，試圖找出問題的原因：「為什麼別人可以一再試穿，而我卻不能？為什麼店員會用這種態度對我？」

最後，她終於想明白了，是她「允許」對方這麼對待自己的。這一切都是因為她的態度、神情和舉止，在在告訴對方：「妳可以欺負我！」

這件事情發生後，她開始學習並慢慢變得堅強，她從疼痛中學會相信自己和肯定自己，也明白在平衡的人際關係中，得先學會取悅自己再取悅別人。此外，她還從自己所受到的羞辱裡，學會如何寬厚待人，因為她明白了一個道理：態度決定高度，它不僅傳遞了你將怎麼對待身邊的人，也傳遞了希望周圍的人如何對待你。

這個故事的女主角，是深受許多女性讀者喜愛的中國作家、也是心理學家的金韻蓉，她誠摯的希望，能以自己這段刻骨銘心的經歷，為女性朋友帶來這樣的啟發——「卓越，不是一種技巧，而是一種態度。」

41

不是別人不講理
而是你有本事據理力爭嗎？

很多時候，你不是輸給對手，而是輸給自己。一個能戰勝自己的人，沒有什麼是他不能戰勝的。道理很淺顯易懂，而且當你明白的時候，就應該知道接下來該做什麼。如果你想在自己所處的圈子裡有所作為，那麼就需要立刻提升自己的能力，讓實力說話。

小維的個性踏實很肯做，工作能力也不錯，但不知怎麼回事，就是和主管頻率不對。主管交代的一些任務，她也都會去完成，但過程中總能聽到一兩句牢騷話，而這些話造成的最大危害，莫過於對工作氛圍的破壞。

雙方不和的最後引爆點，是因為年度

預算的分配問題。小維總認為主管給她的部門預算太少，不合理，要求主管給個交代。主管解釋，部門預算是根據去年的完成情況，還有今年的指標情況來分配。

於是，小維要求主管公開去年指標完成以及今年指標的所有數據，並逐條解釋清楚。沒想到，主管因此被惹怒拍了桌子。更令人意想不到的是，她竟然也橫眉冷對的拍了桌子，一場會議就這樣尷尬的收場。

最後，小維被調離了所在的城市，工作職涯發展也受到影響。

＊　＊　＊　＊　＊

再來看一個故事。

小平畢業後進入一家大型國營企業工作，因為國營企業是論資排輩的地方，再加上剛畢業的小平身上還留有一些學生的稚氣，所以剛去部門的時候，主管並沒有特別看好。但是她很勤快，又樂於助人，幫忙端茶端水，平時同事有些什麼小忙，總是能幫就盡量幫。即便如此，小平還是從側面得知，主管對她的評價並不高，但她並不把這些放在心上，而是繼續做好自己該做的事，同時努力提高業務能力。

就這樣，一年半過去了，小平因為業務上的優秀表現，升了職；又過了一年，她第二次升職，成為前主管的上司，兩人還變成很要好的朋友。

* * * * *

之所以分享這幾個故事，是因為對很多人而言，這些並不是故事，而是生活本身，就像一枚硬幣的正反面，同時詮釋著真實的生活樣貌。

我們很難斷定，對小維和小平而言，到底生活這枚硬幣，是正面好還是反面好。因為在名之為「生活」的這張考卷上，我們每個人都努力而且認真的給出屬於自己的答案，然而，生活並沒有什麼標準答案。但是如果拋開價值選擇的因素，有一點卻是顯而易見的：即便別人對你不講理，只要你有足夠的實力，依然可以得到自己想要的生活。

讓我們轉身想一想：

如果你的業績不出色，因此責怪同事不講理、不配合，又有何用？不如想一想如何提升自己的能力，讓自己更有競爭力，這才是王道。

如果妳和男朋友吵架了，一味的怪怨他不講理、不體貼，又有何用？不如想一想如何改變自己的溝通方式，讓別人更容易接受，這樣反而更有助於親密關係。

雖然我們不能改變別人，但是可以改變自己；雖然我們管不了別人的嘴，但是可以掌控自己的腳。就算世界並不明亮，如果你努力發光，讓自身的光芒越來越亮，也終將會照亮你身邊的世界，並讓別人看到你。所以，請停止抱怨與指責，去成為那個發光的人吧！你要相信，將來的你一定會感謝現在拚命努力的你。

42

所有的痛苦
無不是帶著禮物而來

生活中，很多人都會反覆強調自己有多痛苦；而引發他們痛苦的根源，可能是親人的離世，也可能是戀人的離開……這些經歷讓他們感覺到痛苦，甚至無法面對現在的生活。當痛苦來臨的時候，很多人的第一反應往往是想盡各種辦法逃離，或是選擇喝酒、睡覺，找一些莫名其妙的理由向周圍的人發洩，甚至有人一味的沉浸在過去的美好回憶中無法自拔。

但是，逃避之後，這件事情就真的過去了嗎？發洩之後，我們的生活是不是就真的瞬間恢復到什麼都沒發生前的樣子呢？答案當然是否定的。短暫的逃避，只會讓我們在麻醉之後醒來的日子裡，感到更加空虛，更加無所適從。

＊　＊　＊　＊　＊

有一位女士，老公在三年前的一場車禍中不幸去世，當時她剛剛懷上寶寶，青天霹靂下的她，因為有了寶寶，所以身邊的人無不相勸，別太悲傷，要為孩子想想。

可是，老公的過世對她的打擊實在太大，要不悲傷談何容易。不過，眾人勸說的話，她聽進去了，都是為了孩子好。只是選擇逃避的她，每天做飯都會多準備一份給丈夫，到了吃飯時間，就會給他打電話、發訊息，晚上也會坐在沙發上自言自語。大家看著她安安靜靜的生活，也沒人去提醒她，丈夫已經去世的事實。

沒想到，等到孩子一出生，她卻像是大夢初醒一般，每天睡醒就嚎啕大哭，不僅不為孩子餵奶，連多看孩子一眼都不願意。家人實在沒辦法，只好帶著她向專業的心理諮商師求助。

當然，這個女士的情況比較特殊，並不是多數人都會有這種類似經歷。但是，如果當初她沒有為了孩子而壓抑自己的情緒，沒有選擇逃避，而是勇敢面對丈夫去世的事實，也許最後結局不會是這樣。

其實痛苦本身也是一個訊號，提醒著我們，發生問題了就應該有所改變。所以，如果我們是真的想要消除這些痛苦，第一件要做的事情就是「接受」，面對我們的痛苦，再想辦法去適應、去解決。

* * * * *

人生中，每個人都會經歷非常難熬的不同時期，而最辛苦的日子，也會是你一生中最美妙的日子，因為它塑造了一個更好的你。一個人若是能接受命運及其所附加的一切痛苦，即使處在最惡劣的環境中，也能深切明白自己人生苦難的意義，從苦難的烈火中重生，讓自己的人生變得熠熠生輝。那些配得上自己所受的苦的人，最終有一天會讓「苦水變甜」。

有一位母親，她的兒子在四歲時被診斷出有自閉症。歷經悲傷和絕望之後，她接受了真相，並選擇了更有意義的人生。二十多年後，她的兒子以優異的成績畢業於澳門大學，又考進香港大學讀研究所；而她，則創辦了中國最大的自閉症兒童康復機構，為千萬個自閉症孩子及家庭帶來了福音。她就是方靜，她的兒子叫石頭，而她成立的機構叫「以琳」。以琳取之於《聖經》，意為苦水變甜。

很多時候，不管我們接受與否，痛苦都是我們生命中的一部分，我們可以選擇忽視、掩蓋，但是它依舊真真切切的在那裡，無法逃避。如果只是一味的努力去降低或逃避痛苦，那就是在逃避問題，無助於我們的心靈成長。

每個人都會遭遇痛苦，在痛苦的這條路上，你絕對不是孤單前行，也許在你看來，別人的痛苦根本不是問題，但每個人對於事物的承受力和理解力並不相同，所以你看起來的小事，對別人而言就已經是天塌地陷了。因此，根本沒有誰是天底下最不幸的人，你更不必為此加深自己的痛苦。

只有經歷過痛苦的人才會知道，痛苦是一份禮物。打開這份禮物的盒子，就像打開了一扇門，通過這扇門，你通向的是未知的、更好的自己。

43

就算失敗了
也有失敗的態度

畢業沒多久或剛畢業的創業失敗者比比皆是，可是這些人後來的結局呢？有人獲得更高的成就，有人則是日漸委靡。為何會產生如此大相逕庭的結果呢？

有這樣一個故事。

兩個大學同學，我們姑且稱他們為A先生和B先生。大學畢業後，兩人都順利的進入企業，開始朝九晚五的生活。跟很多年輕人一樣，A先生工作兩年後，有了自己創業的想法。此時，B先生正面臨著工作上的種種不順，也想自己做點事，於是兩人一拍即合。

創業的想法雖然很美好，但是現實往往很殘酷。創業沒多久，由於經驗不足、準備不足、資金不足等一連串問題，他們的小公司可說是舉步維艱。

當有人問起A先生的工作時，他總是會充滿熱情的告訴別人，自己正在進行一項事業，雖然遇到了困難和挫折，但是自己很有信心。而當有人問起B先生的工作時，他總是沮喪的告訴別人，因為找不到更好的工作才選擇創業，這和失業也差不多，並且詢問別人，是否可以介紹更好的工作機會。

經過一年多的掙扎，這家小公司還是走向了末路。A先生和B先生兩個人都回到了職場，不過，彼此的差距卻在一點一點的拉大。

A先生進入一家外商公司，步步高升，幾年後再度創業，雖然也經歷了一些波折，但很快就一一克服，成為一家頗具規模的公司。B先生則沒有這麼幸運了，雖然在幾家公司工作過，自己也曾再度創業，但是他做這些工作都是淺嘗輒止，草草收場，每次都以失敗告終。

* * * * *

許多人長年飽受情緒之苦，喜怒無常，這都是因為他們習慣用消極的語言自我暗示。當他們站在鏡子前，有一個聲音會對他們說：「看看你臉上的皺紋，還有肚子上的贅肉，永遠也減不掉了。」當他們走在大街上時，一個聲音會對他們說：「為什麼你沒有別人那麼好的身材？為什麼你沒有錢買喜歡的衣服？」當他們看見情侶親熱的走在一起時，也會難過自憐：「為什麼沒有人喜歡我？我這輩子注定要孤獨一生，找不到結婚對象嗎？」

或許你不再年輕，沒有一副好身材，過著拮据的日子，但是，請你別再選擇用失敗者的態度對待自己，否則時間長了，你真的會相信那就是事實，而喪失了自信心，你會被自己打得遍體鱗傷，而別人眼中的你更是頹廢平庸。

A先生始終堅信，無論是創業或者工作，做什麼事都是為自己而做，不是為了別人。創業時，每一次失敗都是為了將來的成功累積經驗。長此以往，未來的成功似乎就是一種必然。而B先生則將工作視為混日子，隨波逐流，絲毫沒有為自己工作的想法。無論是當員工上班，還是創業當老闆，失敗也是必然。

＊　＊　＊　＊　＊

每個人都該為自己的人生負責，雖然你每次的選擇和決定不一定都正確，但至少每次的經歷都不應該被遺忘，即使是最糟糕的經歷，也要從中記取教訓。

一個人最大的失敗，不在於工作或生活中的得失，而是喪失了信心與信念。如果你對自己都沒有一點信心，又豈能奢望別人對你有所期待。在這個世界上，每個人的人生都是獨一無二。任何時候，都不要看衰自己，即使周圍所有的人都看衰你，只要做好了自己，做成了想要的自己，你就是一個成功者！

44

再忙
也不要丟掉你自己

古先生從事幕後編輯的工作，平時喜歡旅遊，只要有時間就會到處走走看看。因此，每到假期他都會把自己的時間安排滿檔，不論跟團，或做獨行俠，說走就走，從不拖泥帶水。

幾年下來，古先生走遍山川大江，還時不時踏出國門，領略異國風土文化。用古先生自己的話說，既滿足了旅遊的興趣，又增長了見識，開闊了眼界，豐富了人生。像他這樣，有著明確的生活觀念，生活過得充實，有滋有味，讓人羨慕不已。

洪小姐是那種我們常見到最用功、踏實、努力的同事。儘管你平時也很用功、很努力，但相較於她，或許還會自嘆不如。

所有工作之外的時間和假日，她都用來加班趕工，寫寫新聞稿、準備報告。每到吃飯時間，她也都得聊點進步成長、未來規畫、人生意義什麼的，否則就會內心有愧，覺得耽誤了人生的寶貴時間。對她而言，工作就是一切，工作就是她的命。

有首歌叫作〈我想去桂林〉，歌詞中寫著：「我想去桂林呀我想去桂林，可是有時間的時候我卻沒有錢；我想去桂林呀我想去桂林，可是有了錢的時候我卻沒時間……」講述著時間和金錢的矛盾，而「桂林」也成為很多人心中遙遙無期的一個夢。

但是現在的人，缺少的恐怕不是想去桂林的沒錢，而是缺少那份決心；也有人是時間和錢都不缺，也不是決心的問題，而是從來都沒有好好審視一下工作、生活的關係。一個人不知道應該怎樣支配自己的生活，這實在是一件極其悲慘的事。

* * * * *

每個人能來到這個世界，都是莫大的幸運，這種難得的機會就像是中了頭彩一樣，我們應該好好善待這種幸運。快樂生活才是人生目的，工作只是一種手段，除非你的工作就是最大樂趣，否則只沉迷於工作，而忽略自己的健康、快樂、生活，就是一種對生命的不夠尊重。

中國萬科集團創辦人王石在一次採訪中曾經這樣說：「我不認為，工作狂是值得誇獎的。所謂的工作狂，說的就是那些放棄生活而拚命工作的人。嚴格來說，這有什麼好值得炫耀或是稱讚。這也就是中國人與西方人的差別：中國人只會工作，而西方人則很會生活。」

他強調，「就我自身而言，上班時，我會一心一意的工作；下班後，我會充分享受高品質的生活，休息時候絕對不去想工作。只有休息夠了，工作起來才會衝勁十足。」很多時候，能平衡好生活和工作的人，才能讓自己在任何狀態和環境下都展現出自己最好的一面。

*　　*　　*　　*　　*

而下班後，如果有一個休閒嗜好，不僅可以讓你在忙碌的工作中有個放鬆的機會，還能延伸你的其他能力。更重要的是，當你慢慢發現，在職場裡，你的付出並無法獲得百分之百的回饋。那個時候，倘若你從高位掉下來，還沒有點什麼別的可以支撐住自己，你肯定會感覺自己像是一無所有。

舉例來說，如果你平時有寫東西的嗜好，那麼即便遇到堅持不下去的時候，總還能自我安慰：沒關係，我還可以寫寫文章，哪怕沒有了目前的工作，也可以寫文章賺錢，至少還有一個讓自己感到有存在感和成就感的本事。

中國女作家柏邦妮說過，「除了愛情之外，你必須找到一個能夠讓你用雙腳堅強站立的東西。」其實，我們都需要找到除了工作之外，能讓我們感受到自己存在的東西。可能是嗜好，可能是習慣，其他自己感興趣的東西，或當我們感到難過和失落，甚至丟掉工作的時候，它還能撫慰我們的心靈，讓我們有勇氣對自己說：「沒關係。」

45

勇敢去擁抱、去探索
別讓生活就像單曲循環

你有沒有過這樣的經驗：日復一日，什麼都不思考、什麼也不去想，只是一味重複昨天的生活。上下班的時間、路線，同樣的路口遇上塞車，每天用同樣的方式到公司上班，然後看著時間日復一日慢慢溜走……雖然心裡總是壯志滿滿，「我要燃燒著，我要改變！」可是與其狠下心來向過去告別，還是寧可機械化的熬過每一天，重複與厭倦攀緣而上，日子也彷彿停滯不前。恐怕沒有比這更無聊、更累人的生活了。

這種生活就像是單曲循環，大多數時間都是平淡無趣又充滿匆忙的焦躁，當你一千遍一萬遍的審視，這連自己都覺得糟糕透頂的生活時，你會如何與它對話呢？試著問問自己，是要選擇重複過去渾渾噩噩的生活，還是主動一點悄悄改變和提升自己呢？

這世上沒有一種生活方式需要被質疑，如果你是一個有夢想的人，不妨嘗試去過自己真正想要的生活。活著就應該不斷刷新自己的極限，做讓自己更滿意的事情。過一段肆無忌憚的生活，哪怕年齡越來越大。

* * * * *

有人說，一個人最大的敵人是「自己」；但我認為，一個人最大的敵人其實是「懶惰」。當你試著去掉一些不重要的東西，添加一些能增加生活味道的東西，就能一點一點的構築起生活樂趣了。找到生活的樂趣是對生活的尊重，也能讓我們從中發現一些被遺忘的快樂。而這些快樂，與財富的多少並無太大的關聯。

中國作家王小波曾說：「一個人只擁有此生此世是不夠的，他還應該擁有詩意的世界。」過這種詩意的生活並不是矯情，而是在平常的生活裡讓自己帶一點格調與品味做事。你夢想的生活，你想去的地方，幾乎都在這個星球上，只要你開始行動，就會彼此不期而遇。生活過得有趣了，你才不會活得粗糙。

我非常能理解，因為長期旅行而從此改變人生道路的那些人，因為只有當一個人完全擺脫束縛、充分享受生活的時候，才知道什麼能真正觸動他，才知道什麼是自己真正想要的；說不定，你其實是個天生的藝術家、文字狂人、古文物收藏達人……

* * * * *

也許有人要問，好端端的，為什麼要去尋找這種感覺？這樣的生活多累。如果，你的人生態度是保持渴望，那又怎麼會覺得這樣累呢？這一切正是你無比渴望的，連回頭的念頭都不會閃過，腦子裡只想著一路向前，去感受、去擁抱、去探索，哪怕前方是痛苦與孤獨。

看看身邊過得精彩之人，無一不是不斷刷新自己的人。他們不滿足於現狀，總是想辦法提升自己，把自己的生活經營到極致，忙碌著，也快樂著。當你把生命的目標定位在努力獲得積極體驗上，你的幸福人生之路自然會變得寬廣；而且一個富足的生命，本就應當擁有各種不同的體驗。

可惜的是，很多人常常把自我懷疑當成自我保護，最終走上那條小心翼翼計算過的路，自以為萬無一失，卻錯失了人生中的許多風景。記得，不試著過一過自己想要的生活，你又怎麼判定此路不通呢？

46

就算成不了傳奇
但至少對自己有過交代

這個世上沒有誰是普通人，就算外表看上去多麼的平凡無奇，但是隱藏在背後的精彩，卻遠遠超出你的想像。相信嗎？再平凡的你，也可以講出不平凡的故事。

攝影的一項重要功能就是傳播；美國謎樣的街頭攝影藝術家薇薇安．邁爾卻將其畢生拍攝的影像，隱匿於皮箱之中祕而不宣。她究竟是怎樣一個女人？她又過著怎樣的生活呢？

將時間的指針往前撥到五〇年代左右，薇薇安．邁爾只稱得上是一位攝影愛好者。她生前的主要工作是保母，在長達四十年的時間裡，她沒沒無聞的在不同家庭中擔任保母的工作。只有在空閒的時間，她才會帶著那抬祿萊雙眼相機在街頭捕捉城市中的不同影像，建築和人物，都是她所記錄下來的事物。

直到二〇〇七年，一個地產經紀人在跳蚤市場上發現了薇薇安．邁爾拍下的大量底片，才知道世上曾經活過一個富有才華的保母。在她隱祕的一生中，用攝影對抗了瑣碎的生活。在她一系列的作品中，總能在行人匆匆的步伐中看到最真切的生活，沒有絢麗，沒有富裕，只有那一份對未知的渴望，以及繁華都市的溫度。

她沒有學過一天的攝影，完全都是用自己最直接的感受去創造作品，記錄的都是普通人的瞬間，玩鬧的兒童、獨孤的行者、依偎在一起的老人……在她的鏡頭下，每個人都是神聖不可侵犯的靈魂，每個人都得到充分的尊重。而薇薇安．邁爾也帶著這個大祕密，過完她孤獨且精彩的一生。

有人說，薇薇安．邁爾的一生懷才不遇，因此替她惋惜。其實，大可不必，否則這世界就少了一個傳奇，況且她的初心肯定不是為了揚名立萬，引人側目。

有些人一開始就知道自己的天分，有些人一輩子渾然不知。不是世間所有的才華都要有人欣賞，也不是所有的熱愛都要虛張聲勢。沉默並不代表平庸，反倒是懷揣著祕密靜靜的生活，才能活得自由而開闊。

在這個世界上，有很多不為人知的故事，如果你獨具慧眼，就會發現其實每個人的身上都有不一樣的亮點。而我們無時無刻不在和各種有趣的人打著交道，永遠也不要低估任何一個人，因為這個世界上，沒有誰是普通人。

生存智慧 ❹

沒有人的青春是在紅地毯上走過，

如果你為人生畫出一條很淺的吃苦底線，

就請不要妄圖跨越深邃的幸福極限。

chapter 5

愛情再美
也要懂得愛自己

愛是人世間最甜美的甘霖，滋養著我們，讓我們找到人生與生命的意義。

可是世上最不能勉強的，也莫過於這份愛。

47

不要因為年齡
將就妳的愛情

「如果世界上曾經出現過那個人，那麼其他人都變成了一種將就，而我不願意將就！」這是多麼鏗鏘有力又深情繾綣的一句宣言啊！可是，談一場不將就的愛戀，邏輯簡單，執行起來卻是多麼困難。

艾兒是很多人眼裡的乖乖女，從出生到大學到畢業工作，家裡都為她安排得妥妥當當，她也按照家人規畫好的人生路線，有條不紊的前進。如今到了談婚論嫁的年紀，不出朋友們的意料，她果然走上相親之路。

朋友問她：「有男朋友嗎？」

「沒有。」

「一定被你家催死了吧！」

「嗯，相親那麼多次，就是沒合適的。現在這個還算勉強可以，是個醫師，我媽說一看就是個踏實過日子的人，只是我總覺得他有點大男人主義，覺得家務都應該是女人的事。」

「就這也算踏實過日子？」

「不知道，先相處看看吧！」

朋友看得出，艾兒有些猶疑與迷惘。

艾兒還有個閨密叫小雅，年少時是個經常露著虎牙大笑的開心少女。前幾年，從大城市辭職回到老家的小鎮上，後來，不知怎麼就稀里糊塗的相了親、談了戀愛，然後嫁了人。

再看看如今的小雅，活脫脫就是一個平庸的婦女形象，在她的朋友圈內，幾乎每每都是怨懟之詞，失望、憤怒、煩悶、無聊，當初那個惹人喜歡的開心少女早已不見蹤影。

就像許多曾經對愛憧憬的女孩們一樣，小雅也曾對愛情有過無限美好的期待與想像。可是太多女人卻因為等不到那個男人出現，而將就了自己的婚姻，從此，缺憾成為纏繞自己一生的詛咒。早在小雅結婚前，不少朋友也曾勸她及早回頭，可如今，現實卻讓她再也走不了回頭路。

很多時候，將就得來的不是幸福，而是毀滅。這本是愛情聖經裡的基本準則，然而在現實的泥淖裡卻變了模樣。一對男女不相愛，只因為年紀到了就得結婚，結婚了就必須生孩子，這何嘗不是另一種悲哀？

* * * * *

婚姻不是傳宗接代那麼簡單，愛情和婚姻最好的關係是彼此合適，彼此能在身心上相匹配，彼此能夠看到對方的優點和缺點，彼此能夠因為對方而改變，而不是年齡到了，所以要找個人湊合著過下半輩子。

為了某些特定目的而結婚的人，暫且不在我們談論的範圍內，因為將就本就是他們為了達到目的的手段。最重要的是，那些對愛情還懷有念想、至今依然單身的女人們，可千萬別讓年齡誤導了自己的選擇，別讓將就成為自己婚姻的絆腳石。不然這一生，自己都將為當初草率的決定而抱憾終身。

我始終相信，妳期待什麼樣的愛情，才可能擁有那樣的愛情。妳對愛情認真，愛情才可能對妳認真。所以，真愛，不能將就。將就的，也許算妥協、算練習，但這些都不算是愛情。

＊　＊　＊　＊　＊

其實，我們之所以在愛情婚姻中的選擇那麼無奈，只因為我們不夠強大。當妳指望不夠優秀的自己找到優秀的另一半時，妳會發現這本身就是一種奢侈，甚至是一種無望的懦弱和自卑。

當我們無法擁有喜歡的人，或是對方遲遲沒有出現的時候，我們就要時刻想著先把自己準備好，一旦讓我們心動的人出現，就能好好把握。妳要記住：只有讓自己變得更強大，才能與更強大的人匹敵；只有自己站得更高，才能與更高處的人相遇。如此，老天肯定會為妳送上一份大禮。

事實上，健康有活力的男女通常都會懂得自我檢視，只有知道自己想要什麼，才能深刻明白，愛情與婚姻不能將就的重要深意。無論年輕的時候妳怎麼挑選伴侶，或者怎麼去看待婚姻，都請不要將就。

48

享受吧！一個人的美麗人生

依依是那種典型的黃金剩女。風華正茂，明艷照人，追求者不勝枚舉。但是她生性玩心重、眼光高，直到三十六歲才覓得意中人，喜結良緣。

即便結了婚，仍有人暗暗揶揄依依，私下說她：「唉，就算再漂亮，也是快四十的女人了。」或者，「總算嫁出去了，這歲數的結婚對象應該是找再婚的吧！」「誰誰誰以前都追過她，現在人家老婆都生第二胎了，她這頭胎還沒生呢！」

只是，說這些閒言碎語的人不知道的是，即使依依已經年近四十，但是過得可逍遙了。由於勤於健身保養，皮膚、身材一點都不輸給青春少女。

五年前，依依辭掉羨煞眾人的外商公司高層職位，開了一間精品服飾店，又與朋友合夥經營一家甜品店，生意不大不小，衣食無憂。

更重要的是，依依性情開朗，喜歡旅行，三十歲前就已走遍大江南北，不知情的人還在惋惜人家寂寞空庭春欲晚，可是人家早就玩起了出國旅遊。而依依和現在的另一半就是在旅途中認識的，兩個人因為有共同的興趣愛好，所以在去非洲的路上就訂了婚，最後回老家完婚。

很多人都喜歡那種灼灼閃光的人，而他們又從來都不是因為幸運，首先他們懂得經營自身，所以才能將日子過得豐富有趣，即便是單身的日子，也時常保持著製造新鮮和樂趣的能力，把人生的每天都用來盡興、綻放、享受、蛻變。

* * * * *

文子一直渴望戀愛，大學畢業後和一個大她兩歲的男友交往。相處三年，男生喜歡拈花惹草，還不信任她。忍無可忍之下，文子跟他分手了。

相較以前時時刻刻以男友為中心的生活，分手之後，文子重新拾起她熱愛的鋼琴和繪畫，朋友圈裡也不再是負能量的集聚地，而是小日子裡真真切切的感悟。此時她才醒悟，原來自己也可以是那種把日子過得豐富有趣的女人。

* * * * *

在愛的路上，我們都需要一顆從容和坦然的心，去接納無法改變的事情。與其苦苦維持苟延殘喘的愛情，不如乾脆放手，給自己留一點最後的尊嚴。很多時候，你視為刻骨銘心的記憶，或許別人早已忘記，與其糾結於心，不如看淡、看輕。把一個人的日子過得精彩了，兩個人的世界也能相得益彰。

真正的婚姻，是兩個獨立靈魂間的談情說愛，而不是用生活的瑣碎填充時間。正如依依聊起婚姻生活時所說，即使兩個人都熱愛旅行，有共同的興趣，也並不意味著對方和自己就是一樣的人。結了婚，並不代表就高枕無憂的「從此過著幸福的生活」，單身時隨心所欲說走就走，如今就得接受和另一半彼此尊重、分享的生活。

49

愛一個人沒有錯 但愛自己才是第一位

在與胡蘭成相識之後，張愛玲把自己的一張照片送給了他，並在照片後面寫上了這樣一句話：「遇到他，她變得很低很低，低到塵埃裡，但她心裡是喜歡的，從塵埃裡開出花來。」然而，這句話就像一句讖語，注定了她的愛情終究不會圓滿。

張愛玲愛得這樣小心翼翼，毫無保留，但胡蘭成還是走了。可是，面對胡蘭成的離開，張愛玲依然還低在塵埃裡，直到最後，她還在卑微的寬慰自己：「我已經不喜歡你了。你是早已不喜歡我了的。」

在愛情中，當女人把自己放在很低的位置，那麼男人會把她看得更低，也難怪男人這樣想，有誰會高看一個卑躬屈膝、向自己討好的人呢？這樣做的女人無異於失去了自我，丟掉了靈魂。一朵從塵埃裡開出來的花，怎麼經得起風雨的摧殘，如果一開始，她就把自己的愛情放在一座失衡的天平上，自然永遠無法獲得平等。

所以，當直覺已經告訴妳，妳正在進行一場錯誤的戀情時，請妳傾聽自己內心的聲音，馬上糾正或是放手。很多時候，低到塵埃裡的愛情，永遠也無法開花結果。

* * * * *

有個女人在電話裡跟閨密提起新交的男友，聊天中，她自始至終都在描述男友是萬中選一，多麼的高富帥，她的聲音聽起來似乎很激動，就像在描述她的偶像一般。

然而，閨密無意中問了一句，他們的交往情況如何時？這個女人說，她什麼都聽男友的，還幫他整理房間，為他煮飯，熨燙衣服……

當閨密又問，男友做了哪些讓她感動的事時？她沉思好久，沒說什麼特別的，他們只是一起出去吃飯。有時候，看到別桌的男人殷勤照顧女伴，她總是感到很失落、很委屈。

聊著聊著，閨密終於明白問題出在哪裡。這個女人的男友剛追求她時，她覺得自己實在太幸運了，遇到這麼高富帥的黃金單身漢，為此，她甚至還說自己都不敢和他在一起照鏡子，覺得自己配不上對方。後來，開始凡事遷就男友，像小鳥依人一樣表現得特別乖巧，百依百順。她原以為男友很快就會向自己求婚，可是他看起來似乎開始躲著她，她為此痛苦不已。

塵埃裡開出來的花，終將凋零在塵埃裡。愛情中，當我們迷戀上一個人，很多人往往就會一點一點的失去自我。其實，在親密關係中，當兩個人處於不平等的地位時，就不能稱之為愛情，只能稱之為依附關係。這種畸形的關係無法維持長久，若不是壓抑痛苦的一方醒悟，要不就是處於主動地位的一方厭倦，最終選擇抽身而去。

* * * * *

其實，愛一個人沒有錯，為對方付出、給對方幸福和快樂也沒有錯。錯就錯在，愛到了極致，愛到失去原則，甚至忘記自己。愛情不是一個人的獨腳戲，需要兩個人共同配合才能圓滿。如果在愛情中總是一味的付出，那麼不僅無法獲得想要的幸福，還會讓自己愛到滿身傷痕。

在愛的路上，要不是不愛，就是深愛，但永遠不要愛得失去自我。愛得卑微、愛得失去自我，最終只會換來體無完膚的愛情和一顆破碎的心。如果有一段戀情讓妳失去了常態，務必讓自己冷靜一下；當情感冷下來，人便有了靜，這樣才有更多的智慧與時間去思考。

如果愛情是一百分，那麼女人至少要留五十分給自己。千萬不要在愛情中，把自己低到塵埃裡。

50

不想被催婚
就要證明自己可以過得更好

以前做父母的，總是擔心正在上大學的孩子因為談戀愛而影響學業。可是，現在不同了，父母反倒為孩子不談戀愛或不肯結婚而著急。被父母催婚，在這個發展越來越快、壓力越來越大的社會中，已是所有年輕人都很頭痛的一件事。

小董上大學時，父母就把她將來的人生都規畫好了，等她大學畢業，拿到教師資格，就去當小學教師，等到工作穩定後，就可以找一個學醫的男人趕緊嫁了。

小董父母的如意算盤的確打得妙，因為女兒當教師還有寒暑假可過，將來有了孩子，既有更多時間陪伴，也能輔導孩子學習。小董的父母和其他父母，苦心為女兒安排的這條路都大同小異。

大學畢業後，小董也交了男朋友，只不過兩人都有個默契，不急著剛認識就結婚生子，他們都想要先在各自的工作上做出一點成績，在個人能力上得到進步與成績後，再考慮結婚。

很多人以為，只要結了婚，所有生活中的那些彆扭與不如意都會迎刃而解。但是，妳過得好還是不好，與妳所處的環境無關；自始至終，是妳的心態決定妳遇見的前方是晴天，還是雨天。那些平日自己都過得不好、沒有豐富內心與獨立能力的人，就算結了婚，也還是有解決不了的煩惱。

* * * * *

女人在單身的時候，不妨活得強大一點、獨立一點，這並不是向男人展示剛硬，更不是不懂得在男人面前示弱，只是藉此告訴男人，在他與愛情還未到來前，她要為自己而活，懂得照顧自己、善待自己。那些在歲月裡修煉自己的女人，她們才像是華麗的錦緞，站在男人身邊，也能夠讓他們更加受人矚目耀眼。

當然，這並不是鼓勵原本嬌滴滴的女人，就得活得像個女漢子一般，而是活得內心強大一點，妳的獨立與強大，是為了將來找到值得託付終身的男人時，妳能成為那個為他事業錦上添花、讓他如虎添翼的人。愛情裡，雪中送炭的溫暖讓人感恩，而牽手相攜的互助，才能夠讓兩人在未來的歲月中，為彼此的成就按讚。

當然，也有一些女人，她們不想結婚的理由，只是覺得結婚以後，經濟負擔重。她們想：在外面做「月光女神」，回家啃老，不也挺好？若是這樣，那就千萬別再抱怨父母逼婚了，他們不逼婚，難道真能陪妳到地老天荒？

* * * * *

年輕時的光陰流轉，一轉眼就會成為回憶，沒有哪一種生活是輕鬆的，所以，想要早點遇見對的人，早點執子之手與子偕老，妳就得比別人更努力。那些在單身的日子裡可以照顧好自己，有獨立能力與謀生技能，並且經得起挫折孤獨考驗的女人，才可以活得有滋有味，優雅而從容。

至於婚姻，原本就是水到渠成的事。妳在提升自己的同時，自然有機會遇見旗鼓相當的男人，過程中，妳更可以了解怎樣的另一半適合自己。如果緣分剛好，彼此歡喜，則牽手共度一生；如果緣分不夠，妳那麼努力的做一個豐富美好的人，時間自然會在下個轉角，讓妳遇見那個對的人。

二十歲出頭時，如果妳恰好單身，請記得讓自己變得更加優秀美好，這些都將為妳的成長增添籌碼與亮點。

51

離開他後
妳要比以前更美

每個人都期待能夠早點遇到真愛，或許在這個轉角遇上了，你們相互陪伴前行；可是到了下一個岔路口，你們卻又分別前往各自的遠方。

有個女孩交往六年的男友突然提出分手，那一刻，女孩難過極了。在這六年的時間裡，女孩一直都被捧在手掌心，即使偶有爭執，男友絕對會在二十四小時內道歉賠不是，不讓她受半點委屈。因此，當女孩突然被拋棄，她不僅難過至極，面子和自尊更是掛不住，即便事隔半年多，還久久無法消化這苦澀的情緒。

事實上，女孩是一萬個願意去挽回這段感情，也做了好多以前絕對不可能做的事，但是即便做了這麼多低聲下氣的挽回動作，也沒有讓男友因此回頭，反而讓自己失去尊嚴，覺得心裡更加委屈。

相信許多女孩都曾經歷過，或正在承受著相同的感情煎熬。如果兩個人最初的愛戀和感動依然存在，那麼當愛情遭遇困惑時，我們就要努力一起去改變，不要計較誰付出得多，誰又付出得少，也不要去想誰比較沒有面子，因為真愛裡只有寬容。

* * * * *

可是，如果我們遇到的狀況是，一方的愛情正在逐漸消退，或是已經做出決絕的表態，我們就得學會「接受」事實，學會就算含著淚水，也要優雅的轉身離去。

我們常說，有愛就會有恨。在我們分手的時候，都會恨對方，因為想不通，既然現在要分開，那當初為什麼還要在一起？但是，我們就該為了現實，因為那次的轉身離開，因為沒有牽著對方的手走到最後，就去否認過去所有的記憶和念想嗎？

也許有的女孩會不服氣的說：「我們為何要低聲下氣的去求男人，既然已兩情不相悅，當然是要驕傲的、頭也不回的轉身離去。」優雅的轉身並不是為了和誰較勁，或是怕被看不起。我們的優雅或驕傲，只是為了贏得對自己的那份尊敬和肯定，讓我們不會因為一次的失敗而從此輕看，甚至否定自己。

如果愛情到了最後，讓我們把自己都弄丟了，那愛情對我們的生活、對我們的生命，又有什麼意義呢？

其實，兩個彼此相愛的人，這輩子能夠相守固然很好，不能白頭也只是因為不適合。妳愛的人出現在妳的生命裡，只是個過程，為了讓妳茁壯，讓妳學會付出，學會珍惜，學會愛自己，讓妳知道自己想要的是什麼，始終在尋找的是什麼。

所以，我們更應該感謝那些離開的人，離開不過是因為彼此不適合，無論之前做過什麼，該放下的，放下就好。我們更應該感謝那些傷害過妳、離開妳的人；因為他們，才讓妳明白自己有多麼堅強；因為他們，妳才知道自己的世界原來可以這麼大。

*　　*　　*　　*　　*

當一段親密關係結束時，也許妳會快速尋找下一段的新關係延續，但這只是用美好的裝飾去掩蓋內心的空洞而已。倘若妳想要成長，就應該靜下心來，明白妳所欲索取的那些外界的愛與關注，都源自妳的不自信與不自愛。如果妳的內心夠強大，把注意力集中到自身，外界的所有人、事、物，就再也不能影響妳了。

所有帶著愛或者帶著恨的離別，都是一次痛苦的割裂。如果做不到微笑道別，那麼，是不是可以優雅轉身呢？總有一天，妳會對著過去的傷痛微笑，也會感謝離開妳的那個人，他配不上妳的愛、妳的好。他終究不是命定的那個人。

所有到不了頭的戀愛，終究是一場歷練，也許那一刻妳的心碎了，卻也只能爬起來，擦乾眼淚往前走。要知道，當時的痛苦遲早會換來日後的昇華，是他的離去，才給妳空出了幸福的空間。

也許你在年輕懵懂時，談了幾場轟轟烈烈的戀愛，經歷過種種的分分合合，甚至覺得自己這輩子都愛夠了，再也不想談半點感情，但是誰也不知道未來會發生什麼事，妳會再遇見怎樣的人。誰會愛上妳，妳又會嫁給誰……，妳始終應該相信，我們都會找到自己的美好歸宿。幸福有時會遲到，但從不缺席。即使愛情已逝，也要心存美好。

52

別永遠踮著腳尖
去愛一個人

阿傑戀愛了，女友是那種特別沒有安全感的女生。兩個人在一起以後，女友總覺得自己得到的愛不夠，而他就一味的彌補和道歉。

兩個人之所以走在一起，多少與女生喜歡他身上那種以身犯險的膽識有關，可是，等到真正在一起了，她又覺得男友對自己寵愛有餘當然很好，卻少了點男人的血性。為了維繫這段感情，阿傑甘之如飴，但彼此對感情的期待，卻開始一點一點的不平衡了。

他們最後一次吵架，是因為原本約好去海邊玩，阿傑因為家裡臨時有急事，所以去不了。這讓為此事足足計畫了半個月的女友大發脾氣，電話也不接，訊息也不回。

阿傑處理完家事，趕到女友身邊，在她家樓下整整等了一夜，女友也發狠沒下樓看看，兩個人就這樣來不及好好道別便分手了。

也許你會說，阿傑對女友真好。可是，沒有哪種愛情，需要你放棄尊嚴，去吃苦受罪。

＊　＊　＊　＊　＊

一段感情結束時，我們經常會看到這一幕：一方哭喊著「可不可以別離開我」、「求求你別不要我」，另一方卻無動於衷。在那些難受的、難過到快要死掉的日子裡，更恨不得抓著對方的領子質問：「為什麼不愛我了？是我哪裡做得不好嗎？」

有的人在愛情裡很卑微，可是，這種低到塵埃裡的愛情，就能帶來好的結果嗎？我不認為，義無反顧的愛情是很美好的事，反倒覺得這樣很蠢，即便在你心中把這段感情渲染得無比美好，事實上，最終都不得不面對淒涼的結局。

＊　＊　＊　＊　＊

愛情是雙方的事，你付出的一切有回應才算有意義。如果只是單方面去愛，那一切都不會有結果。愛人的前提，是你值得被人愛。否則，豈不是太難堪了？當你委屈自己，卑微到塵埃裡還糾纏不休，對方只會覺得不接受你、離開你是一件無比正確的決定。

愛情可以是爭取來的，但是爭取和追求一定是在雙方平等的立場上，而不是一方降低姿態，去乞求另一方能夠分一點愛給自己。你們可以輸，但是姿勢一定要好看。

愛情也像是一場博弈，必須永遠保持與對方勢均力敵，才能長此以往的相依相惜。沒有誰離開誰是活不了的，對方要是真的在乎你，怎麼捨得讓你放下尊嚴、委曲求全？如果你總是踮著腳尖去搆著某個人，早晚有一天會因為重心不穩而摔倒。

愛情或許會讓你不知所措，會讓你嫉妒生氣，會讓你傷心流淚。但愛情最終是溫暖的，能帶來愉悅，會給你安全感。最好的愛情，是兩個人不必靠得太近，也不必懷抱太多不必要的奢望，只是簡單而微小的幸福。

53

頻頻回頭的人
注定走不了遠路

曼一直放不下她的前任男友，前男友在她北漂的歲月裡，給過她很多幫助，在她決定離開北京的時候，又跟著她一起回南方。後來，兩個人在一起四年，正準備要談婚論嫁的時候，前男友移情別戀，選擇了分手。

之後的一段時間，曼對前男友始終念念不忘。其實，他並不是多麼優秀，可她就是放不下。每次和閨密逛街，曼總會有意無意的逛到男裝店，找到白色純棉的T恤，發訊息到朋友圈，說她還是最喜歡白色；公司安排旅遊，曼每天都會拍照上傳曬到朋友圈，說一群人的旅行勝過一個人的狂歡；打開手機，也會習慣性的給前男友打電話，翻他的朋友圈。可以說，有關前男友的一切幾乎占據了她的所有思緒。

似乎每一個失戀、還未放下的人都會固執的認為，既然兩個人深愛了那麼久，磨合了那麼久，為什麼要輕易放手？也許再堅持一天、一星期、一個月，甚至一年，說不定對方就會被感動，愛情就會開花結果了。

可是，每一個人的精力都是有限的，每一個人的愛也是有限的。妳的心裡裝著一個人的時候，別人就很難走進妳的世界；妳的心裡裝著一件事的時候，也很難對別的事投入更多精力。

曼就是這樣的人，因為心裡裝著一個人，所以，別人再也進不去她的世界了。一開始，閨密說：「壞男人而已，不必當真，再找一個合適的就是。」可是很長一段時間，無論身邊的人多著急，曼還是心心念念著前男友的好。

直到分手一年後，她才乖乖聽了朋友的話，見了一位吳先生。他比曼大四歲，是一家上市公司的經理，發展前景很好，人長得不算又高又帥，但總是很精神，也相當大器。對曼更是無微不至，只要遇到什麼難題，都會想辦法解決。

可是，曼的愛已經被前男友給耗盡了，哪怕分手這麼久，也還一直占據著她的心。

無論吳先生如何努力，她都無動於衷。朋友只能連連嘆氣：「如果吳先生早一點出現在曼的世界，那該有多好。」朋友也經常勸曼，過去的就讓它過去，要珍惜眼前人，可是她就是不甘心。

後來，直到曼從朋友那裡得知前男友要結婚的消息，才領悟到：哪怕她一直站在原地，走累了的前男友也不會回來接她。

* * * * *

在愛情裡，我們往往是因為放不下，對舊人還抱著希望，所以才會走不遠。事實上，流逝的愛情遠沒有我們自以為的特別。忘不掉的，不過是想像中的對方而已。我們覺得自己走不出來，只是聽憑自己的小情緒，不願意忍受割捨的陣痛。分手未必是妳的責任，可走不出來，卻怪不了別人。

人生路上，難免要經歷風雨，愛人出軌、朋友背叛，這些都不可怕。可怕的是，愛人出軌了，所以妳不敢愛了；朋友背叛了，所以妳懷疑友情了。不摔幾次，怎能學會走路；不傷幾回，怎能參悟人生。

說到底，愛情是自我的修行。走得出舊夢，才見得到明天。與其花太多的時間去追憶往昔，不如抬起頭朝前看，才不會撞到高牆，也才能看到更廣大的天地。

54

熱愛妳的生活
學會一個人的快樂

不管妳生活在哪裡，不管妳有多大年紀，總有新東西要學習，畢竟生活總是充滿驚喜。妳跳舞嗎？寫作嗎？設計嗎？雕刻嗎？當一個人沉浸在創造力的脈動中，就會自然而然的增強那種生活的幸福感，也更容易觸動到真正的自己。

＊　＊　＊　＊　＊

曾經有個女人，一九六九年她第一次踏進大學校門，那時，她根本不知道自己想做些什麼，而且至今也沒有一門專業技能，能夠讓這個女人持之以恆，或者從中發現這樣的熱情。

但是，女人很清楚，她知道自己富有創造力。因此，對她來說，主修藝術是一件非常自然的事，於是，她開始做花邊手鐲和貼畫，在公寓牆壁上畫水彩畫，還陸續涉獵過陶藝、上釉技術，並親自用陶窯燒製作品。後來，她的興趣轉移到新聞學、哲學和心理學，但是藝術仍是她生活中的一部分。此後，她又發現自己在寫作方面的熱情，但她還是繼續在其他方面創作，甚至考慮在不久的將來開始學雕刻。

*　　*　　*　　*　　*

妳是否也有一些學習新東西的想法呢？如果有的話，那就去做吧！在那些激發靈感的創造性時刻，妳的能力和知識面都會具有無限的可能性，並且終將滋養妳的靈魂，讓妳挖掘出更多世界所蘊藏的美。在心理學的說法是，當一個人完全沉浸在正在做的事情中時，這個人會變得更加不同尋常，而且幸福感也會被放大。

我們常常覺得，一個人成長的過程，就是逐漸變為平庸的過程。孩童時期的我們想像力豐富，富有創造性。但是漸漸長大後，越容易被外在的環境打磨成一個沒有光芒的人，過著平靜之下透露絕望的生活。

不妨留意一下，孩子們在做拼圖遊戲或學習繪畫時的神態，以及他們完成活動時的快樂和滿足感，妳就會很容易理解。當我們專注、全心的投入一件事情時，勢必會增強妳的控制感，同時感受到自己的力量。

生活中，有不少平凡的人用自己的方式做自己喜歡的事。有人熱愛唱歌，就用心學習寫歌，唱出自己的心情；我們不必聽懂她唱的是什麼，但是那種歡唱的情緒，卻可以感動很多人。有人熱愛電影，就努力鑽研劇本，拍出自己的故事；或許他們成不了電影大師，但是他們用畫面記錄生活，用鏡頭表達出自己對生活的態度。

＊　＊　＊　＊　＊

每個熱愛生活的人，都會積極的表達自己。一萬個人，就有一萬種熱愛生活的方式。有位記者曾問一位喜歡跑馬拉松的年輕人，為什麼對這麼枯燥的運動樂此不疲？年輕人微笑著說：「因為要學會一個人的快樂。」其實，這個年輕人的羽毛球打得不錯，也擅長馬拉松和瑜伽，如果找不到合適的拍檔陪自己打球，他就獨自穿上跑鞋，或者拿出地墊，安靜的奔跑或舒緩，沉浸在自己的世界。

其實，生命的成長和豐盛，就像是一個螺旋上升般，由內而外的修習過程，是一場內在需求不斷認識和充實的旅程。當你活在當下，享受生活的樂趣，以及欣賞自然的美麗時，就會得到全方位的生活體驗，甚至還會感受到更大的內在力量在心裡湧動，這樣的妳即使沒有藝術細胞，也不要否定自己的創造力。

從現在起，試著打破過去的常規生活模式，從事一些創造性活動，或者只是給自己放放假，這一切都能提升妳的身心質量。生活的美，來自對生活的熱愛。如果妳不熱愛生活，生活也不會熱愛妳。只要對生活有極大的熱情，就永遠不會被生活打敗。

熱鬧的生活必須留住很多人，而安寧的世界卻只需要一個人平靜的內心。靠別人給的歡鬧，和自己源於內心的喜悅，這完全是兩碼子事。前者要看他人的臉色和意願，後者卻在自身能力許可之內，這樣的快樂，或許來得更簡單。

55

比生活更重要的是生活方式

對於一個不將就的人來說，他不是被動享受生活，而是主動參與創造生活。遇到節日一定要好好慶祝，即便一個人也要好好喝茶。就算是再平常的小事，也會帶著儀式感去完成。的確，生活中需要一些「儀式感」，這跟矯情無關，只關乎你對生活的熱愛，對幸福的敏感。我們對生活的付出與熱愛，值得我們這樣慎重的對待自己。

很多人都非常喜歡《小王子》的故事，裡面有這樣一段有趣的情節，內容是小王子馴養了一隻可愛的狐狸，他們對儀式感的理解頗為觸動人心。

小王子在馴養狐狸後的第二天又去看

望牠。

「你每天最好在相同的時間來，」狐狸說，「比如說，你下午四點鐘來，那麼從三點鐘起，我就開始感到幸福。時間越臨近，我就越感到幸福。到了四點鐘的時候，我就會坐立不安，就會發現幸福的代價。但是，如果你隨便什麼時候來，我就不知道在什麼時候該準備好我的心情……應當有一定的儀式。」

「儀式是什麼？」小王子問道。

「這也是經常被遺忘的事情。」狐狸說，「它就是使某一天與其他日子不同，使某一時刻與其他時刻不同。」

*　　*　　*　　*　　*

大多數時候，你是不是覺得自己的生活平淡無奇又匆匆忙忙，而儀式感早就被人們輕易的拋諸腦後。一個人的時候，房間裡到處是隨意亂丟的衣物，就算週末也寧願宅在家追劇，懶得出去沐浴一下陽光；結婚幾年後，連約會紀念日、結婚紀念日這些曾經非常珍視的日子，都可以淡漠平常的度過；有了小孩，拖著疲憊的身子下班回到家，從冰箱隨便翻點食物就湊合著一頓晚飯……生活過得就像是一攤死水，而你，還在不停的抱怨它的無聊無趣。

而儀式感對於生活的意義就在於，用慎重認真的態度去對待生活裡看似無趣的事情。不管別人如何，一本正經、認認真真的把事情做好，才能真正發現生活的樂趣。儀式感可以讓生活成為生活，而不是簡單的生存。

*　*　*　*　*

在奧黛麗・赫本的經典電影《第凡內早餐》中，她所飾演的女主角荷莉，會穿著黑色小禮服，戴著假珠寶，在紐約第凡內精美的櫥窗前，慢慢的將早餐吃完，再普通不過的可頌麵包與熱咖啡，也變成了一桌美味的盛宴。而這詩意的儀式感，無疑讓蒼白的生活光華熠熠，映照著荷莉心中美好的嚮往。

儘管我們都知道第二天早上醒來，一切還是如故，上班高峰的捷運還是會擁擠不堪，早餐店的味道還是那樣一成不變，孩子還是會又哭又鬧不願意起床，工作還是會堆積如山。但是我們仍然需要一個儀式，去體悟生活中那些不易被挖掘的樂趣。

在約會紀念日、結婚紀念日吃一頓浪漫的燭光晚餐，若是來不及買禮物，送上一個深深的吻，也會讓對方久久難忘；彼此的生日，親手做一個蛋糕，就算再醜也會令對方感動；兩個人的晚餐，哪怕再普通，也可以準備精緻的餐具，鋪上餐巾，儀式感頓生……生活就擺在那裡，要呈現出什麼樣貌，完全取決於你的心態。

從現在起，即便只有兩個人，也要在餐桌上用餐，一心一意的吃著晚餐，彼此說說這一天的見聞與心情。交流不就是這樣子的嗎？就算再普通的朋友聚會，也要好好打扮出席，也許你的一個小改變就能讓生活變得搖曳生姿；一個人也要好好享受週末暖陽裡的下午茶，把家裡打掃得乾乾淨淨。就像王小波說的：「一個人只擁有此生此世是不夠的，他還應該擁有詩意的世界。」

讓儀式感把生活裡的灰頭土臉、忙忙碌碌全都抹去吧！總有一天，它會讓你的生活變得活色生香。

生存智慧 ❺

如果愛情是一百分，

那麼女人至少要留五十分給自己。

千萬不要在愛情中，

把自己低到塵埃裡。

chapter 6

做個有趣的人
不要為自己的生命設限

這個世界上，總是有人過著你摒棄了的生活，

也有人過著你期盼著的生活，更有人過著和你現在一樣的生活。

無論如何，你值得用一輩子過得更好。

56

做個有趣的人
不要給自己的生命設限

網路上有這樣一個熱門提問：「如何做一個有趣的人？」將近數萬的關注度讓人不禁感嘆，在朝九晚五疲於奔命的生活中，「有趣」真是一件了不起的事啊！

每個人的生活都曾經「有趣」過，但任何事物都有其發展的規律和週期，長時間的平靜讓人變得壓抑，長時間的重複讓生活少了生氣。但我們還是想做個有趣的人，過有趣的生活，做有意義的事。說穿了，就是好好活一場。

然而，看看身邊的許多人，早早就沒了追求，行屍走肉般的活著。「我沒有興趣嗜好，工作之餘，除了睡覺，就不知道幹什麼，感覺生活好無聊。」也有一些人看到別人過得精彩，就艷羨不已，埋怨自己沒有天賦。其實，你活得無趣，不過是因為你懶。沒有人生來就天賦異稟，多數都是在後天慢慢挖掘出來的。

小說《約翰・克利斯朵夫》裡有一段話：「大半的人在二十歲或三十歲時就死了。一過了這個年紀，他們變成了自己的影子。以後的生命不過是用來模仿自己，把以前所說的、所做的、所想的，一天天的重複，而且重複的方式越來越機械化。」

生命之所以精彩，就因為有著無限的可塑性和未知性。生而為人，不求分分秒秒都在成長，但絕不能年紀輕輕就止步不前。

* * * * *

生活中，總有一些人，像是萬綠叢中的一點紅，輕易就能成為主角。

日本知名散文作家、生活家松浦彌太郎，可說是一個懂生活、有趣的男人。他常說：「隨波逐流才是最糟糕的活法。」對他而言，每個週末傍晚外出購物時，一定會繞到花店買花回家。有漂亮的鮮花慶祝一週的開始，心情也會跟著愉悅起來。他偶爾也會買一盒市面上少見的限定版點心，跟來訪的朋友一起分享香甜的幸福感；就算一個人在家吃飯，也會用材質上等的餐盤，情趣十足不說，食物也變得更加美味。

*　*　*　*　*

有一位年輕的女體育老師，課餘時間常喜歡捧著一本雜誌《汽車發動機原理》看。看得認真時，還會時不時的在雜誌上面寫寫畫畫，顯然是邊看邊做筆記。

一位新來的同事問女老師：「妳對這個感興趣嗎？」

女老師說：「還好，主要是因為我自己開車，萬一車子出了問題，才不至於手忙腳亂。」

同事心想：什麼車啊？這麼容易出毛病。後來才知道，這位女老師開的全是二手車，幾乎一年就換一輛。為此，她知道去哪賣車、買車；什麼樣的車能買，什麼樣的車絕對不能碰；賣的時候，怎麼才能不賠錢，反倒還能賺錢。

同事越聽越覺得有意思，反過來一想，又覺得這麼折騰實在是太麻煩了。女老師卻說：「這有什麼麻煩啊？上班不麻煩嗎？吃飯不麻煩嗎？」

同事笑了，覺得這回答挺有道理的，什麼事不麻煩啊！

的確，活著本身就挺麻煩的。不過你要是真的覺得麻煩，分分鐘鐘都還有更麻煩的事；你要是覺得很享受，麻煩也就不是麻煩了。

兩個人聊完車，又聊到咖啡。同事本來自豪自己很懂咖啡，以為這位女老師是個外行，至少沒他懂，可一聊才知道，她不僅學過咖啡拉花，做得還不錯，也知道一些很厲害的咖啡館，那些店家的咖啡做得絕對道地。

*　　*　　*　　*　　*

這些人有趣嗎？當然有趣了！可是有趣有什麼好處呢？對旁人來說，有趣的人好比一個磁場中心，周圍的人會不由得想親近他們，和他們聊天相處。對有趣的人自己來說，生活是豐富充盈的，而這一切的前提在於你的心是自由的。不要小看自由這個東西，這可是一切的根本。

我們都期待明天的美好，可是美好的明天卻是由無數個精彩的今天所組成。有所好，心就有了寄託。更重要的是，可以讓我們的精神豐盈，活出不一樣的自己。

這世上有兩種人，一種活得聰明，另一種活得明白。第一種人往往很成功，第二種人往往很快樂。年輕時我們都嚮往成功，不覺得快樂有多重要，可是，或許有一天會發現，快樂才是最艱難的部分。

57

放膽去闖
人生是一個人的狂熱

我們偶爾會對自己產生懷疑，慨嘆人生、困惑無助時，回顧那些畏懼、退縮與放棄的時刻，往往會發現自己所缺少的，其實是一種內在的支持。抬頭看看那些我們所仰慕的人生贏家、幸福的人，他們往往有著強大的內心、光芒四射的生命熱情。

從心理學的角度來看，一個人的生命熱情來自於自在的力量。當你尋找到自己內在的力量，不斷滋養它、壯大它，生命便會迸發出澎湃的熱情，並創造無限可能。一個有熱情的人，永遠像孩子一般，興奮的、執著的、勇敢的奔向目標。如果說欲望是生命的動力，那麼，熱情則是可以點燃生命的動力。

* * * * *

大多數人並不缺少欲望，但缺少了熱情。不少上了四十歲的人，總覺得自己年紀大了，認為自己已經失去了青春，失去了一切。他們總是缺少熱情，人未老、心已衰，在氣勢上就已經輸別人一大截。

人生最可怕的是，沒有目標，沒有熱情。沒有熱情的人生是枯萎的，甚至可悲。即使只是為了一件喜歡的衣服，也好過麻木、沉悶的狀態。充滿熱情的生活，能使我們的生命力旺盛不衰。

看看身邊那些對新鮮事物保持著興奮和好奇的人，他們不僅外表看起來比實際年齡年輕許多，表現出來的心態也更年輕。在他們身上有一個相同的特性，就是常常保持著一顆孩童般的心——興奮、愛玩、愛笑、愛感動。

人的青春一如人的感官，也是用進廢退。你經常迸發熱情，就能保持和昇華熱情。越有熱情的人，越有活力和動力，也越活越有滋味。即使你只有二十歲，但如果沒有熱情，你的生命同樣顯得粗糙乾枯。

生活中的熱情，來自於行動和實踐。如果你沒有試過滑雪，怎麼會喜歡上滑雪？如果你從來沒聽過一場搖滾，又怎麼會迷上搖滾？你可以大膽的去嘗試一些一直想做、卻從未做過的事情。在一次次的實踐中，你終究會找到自己對於生活的熱情。

找到生活的熱情，並不是說你會因此非常清楚下一步該做什麼，或下一步的結果是什麼。生活不會這麼簡單，相反的，生活總是充滿迷惑和未知。我們無法完全控制自己的生活，我們能做的就是盡己所能，選擇對的方向，做你認為對的和感興趣的事情，然後盡力的堅持下去。只有當你帶著目標，追求你的最愛時，你會發現生活已經慢慢的被熱情所包圍。

*　*　*　*　*

也許又有人會質疑，「就算知道自己的最愛又有何用？人生很多無奈，難道要我拋棄責任，任性的去唱歌跳舞？」當然不是，你可以繼續工作，但同時開始做自己喜歡的事情，只要平衡好這些愛好與責任的關係就好。

不過，對於一個骨子裡就悲觀的人，也許無論實踐多少次，還是找不到自己的最愛。此時，最應該調整的，或許是你自己的心態，正是你的這種過於焦躁悲觀的態度，才阻礙了你找到屬於自己的興趣和熱情。請相信，只有當你變成一個骨子裡真正快樂的人，一切才是正解。

58

你多久沒像個孩子
一樣哭一樣笑？

每個人都有不同的童年記憶，但很少人在長大後，記得自己曾經是個孩子的時候，更別提用童心去看世界。

在哈佛情商課中，就將可貴的赤子之心作為一個人最難得的品格之一。有赤子之心的人是可愛的，他的純真性情總會給人一種安全和信賴感；而他也會因為這顆孩子般的純真、善良和帶著夢想的心，為自己帶來學歷、地位、金錢所不能及的幸福感。

孩子們遇到開心的事情會笑，遇到悲傷的事情會哭，他們從來不介意周遭世界的反應，只是單純的表達自己當下的情緒。

相反的，成人的世界就不一樣，你可能渴

望被別人理解，卻不能自在的表達自己真實的情感，因為你會有很多顧慮。從現在開始，不妨像孩子們一樣，在適當的時候為心靈打開枷鎖，認同自己、喜歡自己、欣賞自己，進而快樂自己。

*　*　*　*　*

每個人的生活都應該充滿新鮮、充滿情趣。而赤子之心，更會為你增添生活的樂趣，成為快樂的泉源。

在你一個人獨處的時候，在你和寵物在一起的時候，在你試穿新衣服的時候……你不需要那麼理性，大可用孩子般的赤子之心去打量、探索這個世界，尋找屬於你自己的快樂。

如果一個人對世界失去了好奇，那麼世界也會對他失去好奇。

那些在歷經生活的艱難困苦後，依然擁有一顆純真赤子之心的人，才是真正意義上的貴族，他們是你遇過的最幸福、最有活力的人。即便你已經是一位身居高職的強人，儘管你已經被責任和身分或其他太多外在東西所壓抑著、遮蔽著，也請你盡量保持一顆赤子之心。

＊　＊　＊　＊　＊

為什麼曾經有過的赤子之心會因為成長而消逝？我想，可能是成長過程中，我們缺少了對自身成長的審視。你是不是太在意周遭的世界？你是不是太介意自己的得失？正因如此，我們忽略了來自心靈深處的聲音，失去了心靈的澄淨與自由。關注和關愛自己，傾聽自己的聲音，無條件的接受自己，是喚回赤子之心的第一步。

在人生的旅途中，人們應該常用「赤子之心」這面鏡子，好好審視一下自己日漸風化的心靈。開心的時候，就肆無忌憚的開懷大笑，也許所有的憂愁就會在傾訴中流走，所有的緊張就會在大笑中釋放。

每個人的生活不可能都是一帆風順，難免會遇到挫折，難免會傷心失望。何不像孩子一樣去生活？因為孩子總是在認清犯錯的原因之後，很快就忘記了憂傷，重新展開笑顏，重新做起美好的夢來。

在社會生活的紛紛擾擾中，在工作責任的重重壓力下，拾回久違了的赤子之心，你會發現那是多麼的可貴。事實上，當你自願回到兒童般的狀態中，像孩子一樣熱愛幻想，並不意味著你必須放棄當一個成年人，你反而會清楚，真正的生活不是整天工作和奔波，而你也會發自內心的讚嘆這個世界。

就像是無論處於如何艱難的困境，早上起來，你都可以暢快的笑，允許自己享受有趣的幻想。到大自然走一走，撲撲蝴蝶，聞聞花香，讓自己的感官生動起來，找回失去的赤子之心，單純而快樂，不僅是自我心理的需要，更是調節心理的良劑。

59

給自己的生命
另一種可能

有一位建築設計師總是設計不出令客戶滿意的作品，面對客戶的批評，他覺得很委屈，自己像是個工作狂，經常加班熬夜趕設計，並不是那種不負責任的人。只是他再看看公司的其他年輕設計師，不是閒聊、聚餐，就是約會、看電影，卻經常能拿出令客戶驚喜的方案。

久而久之，這個設計師開始懷疑自己根本就不適合這個工作，於是向老闆提出辭呈。當他對老闆說，自己做起來很吃力，恐怕做不下去的時候，老闆卻問他：「我們公司樓下花圃種的是什麼花？」

設計師不太懂，為什麼老闆要問他這個問題，而且他每天行色匆匆，根本沒時間注意花圃種了什麼花。

老闆嘆了口氣，又說：「要不這樣吧，你再堅持一個月，在這一個月內，我要求你每天抱你女兒三分鐘。」設計師答應了。

最開始，設計師草草了事的抱女兒三分鐘，然後哄她睡覺。漸漸的，他發現三分鐘不夠用，因為女兒要跟他說的話越來越多，他只好再抱久一點。後來，設計師越來越陶醉於跟天真爛漫的女兒閒談。

過沒多久，設計師提交了新方案給客戶。這一次，他設計了一種內部無稜角的房屋，不僅造型奇特，讓人耳目一新，而且溫柔舒適，極具安全感，完全是為當下準備要有寶寶的年輕夫妻所量身打造。

最後，這個方案不僅得到公司和客戶的一致認可，也成為年度的經典案例。設計師再也不想辭職了，因為他已經學會用全新的態度享受生活的樂趣。

享受生活，本應是一種人生的特殊體驗，但是在越來越喧囂的現實世界，我們卻逐漸背離了享受的本質——我們變得提不起，放不下，為了享受而享受。於是，我們常常會咳聲嘆氣：「老天爺對我不公平，人生真是一場痛苦的煎熬。」

* * * * *

為什麼我們享受不到人生的真滋味呢？因為我們不再從容自信，而是自私冷酷，人人都戴上假面具，人人都只看到虛偽和缺點。於是我們開始心浮氣躁，更加在乎結果而忽略過程，甚至只是小小的挫折，也會令我們一蹶不振。

其實我們每個人都很富有，生來就擁有大自然，擁有思想和觀念，擁有健康和生命，擁有快樂的生活……難道這些還不夠嗎？因此，我們更應該好好享受人生，不僅僅享受休閒平和與寧靜，也享受忙碌與煩躁。

對待自己的生活，你要用力活出每一種經歷，用熱情投入，打開你的心，就像對著愛人打開心門一樣。你要用力而親密的擁抱每一刻，不要退卻，不要保持距離，要敏銳的把握你的熱情。

60

每個人的人生都可以精彩
只要你不認命

當你覺得人生不順遂，甚至每段時期都糟糕透頂的時候，除了像那些憤世嫉俗的憤青在網上發洩不快，或者對著家人、朋友咆哮之外，你是否意識到，自己值得用一輩子過得更好？咆哮和辱罵，在你的生活中有意義嗎？

負能量就像毒瘤一樣，會影響每一個人的心情和品味。因此，面對上述情形時，你更應該思考的是，如何管好自己的言行，把握有限的生命過好自己的一生。

我們要過好自己的人生，不是腦子想想，嘴巴說說，而是要透過行動去達成。所有的抱怨、憤恨、低落、辱罵，對於想要過有品質的人來講，都毫無意義；對他們而言，真正有意義的是，用努力和精力把自己的人生經營好。

* * * * *

很多年前，在美國西海岸的一座漁村裡，這一天，村裡著名的老漁夫坐在他那幢雅致的別墅陽台上，望著遠處的大海，快要走到生命盡頭的他，奄奄一息。家裡人都聚集在老漁夫跟前，看他最後一眼，聽著老漁夫最後的遺言。老漁夫的身邊還站著一群村裡的漁夫，那些年紀約三、四十歲的年輕漁夫，很多都曾經受過老漁夫的幫助和指導，一直對他相當尊敬。

這位老漁夫年輕時，是這一帶著名的捕魚達人，非常聰慧和能幹，靠著捕魚賺來的錢，在村子裡蓋了這幢別墅，買了一艘豪華遊艇和三艘大型漁船，憑著自己的捕魚經驗，率領村裡其他年輕漁夫出海，逃過很多次海洋氣候變化所帶來的災難，救了很多人的性命。

老漁夫很愛自己的孫子安瓊，然而安瓊非常淘氣，不喜歡捕魚，整天就喜歡在村裡到處遊玩，儘管已經二十五、六歲了，還一事無成，更別說成家立業。安瓊對什麼都感興趣，但又不喜歡做下去，覺得一切都很枯燥。在眾多孫子中，老漁夫最不放心的就是他。

老漁夫招招手讓安瓊走到身邊，他低聲對孫子說：「孩子，我要去見主了，但是，在我去之前，我想把主的旨意告訴你，賜福於你。在我年輕的時候，我跟你一樣，不知道該做什麼。到了三十歲仍然一貧如洗，也沒有娶妻，那時窮到村子裡的所有人都看不起我。」

「那個時候的我很苦惱，常常去海邊，望著大海咆哮，傾訴我的委屈。但是沒有用，日子一天一天過去，我還是一貧如洗。」老漁夫接著說，「直到有一天，我看見海邊漂來兩隻企鵝，牠們身上受了傷，游水的時候非常吃力，奄奄一息。但是牠們好像情侶一樣互相照顧，見到我來，還帶著深深的敵意。」

「見到企鵝即將死去的樣子讓我非常難過，不管還有沒有希望，我都想救治牠們，讓牠們健康的活下去。我回家拿藥，先小心的塗在牠們兩個小可愛的傷口上，還準備了食物，讓牠們飽餐。又在海邊給牠們生火，以免凍著。幾天下來，奇蹟發生了。這兩隻企鵝的身體漸漸好轉。我高興得手舞足蹈，牠們也不再對我產生敵意，搖著身子挨著我磨蹭。那是一段非常愉快的時光，我救了兩個可愛的小生命。那種美妙的感覺，是我從來沒有過的體驗。」

老漁夫感動的說：「可是，康復的兩隻企鵝就要走了，牠們要回到海裡，回到熟悉的地方。我本來想一直養著牠們，但是我知道這裡不是企鵝的家。我不能自私的留下牠們，那樣，我會受到主的懲罰。我依依不捨的望著企鵝離去，心裡非常失落。望著牠們的身影消失在大海的盡頭，我竟然傷心的哭了起來。那幾天，我什麼都不做，就在家裡一直睡。直到家裡的食物快沒了，我的肚子不停的叫喚，才把我從悲傷中拉回殘酷的現實。」

回想著過去，老漁夫說：「望著家徒四壁的房子，我突然明白，我就像那兩隻被救的企鵝一樣，只要你抱存希望，即使有再大的傷口都可以痊癒，終歸可以游回那片無邊的大海。人的生命就這麼多天，我沒有時間浪費，不管我怎麼想，這裡就是我的家，我必須努力工作，這樣人生才會一天比一天好。我想，我的人生值得過得更好。

「因此，從那以後，我起早摸黑，不管捕撈多少，我出海前都堅定這個信念，我值得用一輩子過好我的人生。後來我買了船，也蓋了別墅，娶了妻子，也幫了很多人。這些你都看見了。安瓊，你也一樣，你的人生值得用一輩子去過好，我相信你。爺爺愛你。」

安瓊聽完爺爺對自己的期待，似乎有所領悟的點了點頭，兩眼噙滿淚水，握著爺爺的手深情吻著。

我們很多人不像安瓊那樣，有一個富爺爺，留下龐大的財產。大多數人出生在平凡家庭，沒有顯赫的家世，也沒有金山銀山，注定是要靠自己去闖蕩，創造財富。然而，很多人就此認為自己無法出人頭地，就會一輩子普普通通，對自己也沒多大要求，渾渾噩噩的過著日子，從不奢望使自己庸常的生活會變得豐富多彩。

當我們感到自己渾渾噩噩的過著日子，感到自己的生活毫無生趣，我們是否認真想過，為何我們就不能像他人一樣，過著精彩的生活？

人生總因為波折而美麗，有高低起伏的人生才顯得更有魅力，我們不可能一輩子一帆風順，當然也不會一輩子貧困潦倒。假如命運虧待了你，我們無法更改它運行的軌道，我們唯一可以選擇的是，當命運露出猙獰的一面時，坦然無畏的活下去。

61

簡單的人生
也可以活得高貴

哲學系的D教授，個子高高瘦瘦，是位非常有智慧、想法的老教授，課堂上總是學生滿滿。如果你有幸進到他的辦公室，就會發現內部擺設真的很簡單，卻不簡陋；東西雖少，卻讓人覺得踏實。辦公室裡面的桌子、椅子都是原木製作。書桌上堆滿很高的一疊書，書架上也滿滿的都是書。

在靠近這位老教授辦公桌的牆上，掛著一幅書法作品，寫的是劉禹錫的《陋室銘》：「山不在高，有仙則名；水不在深，有龍則靈。斯是陋室，惟吾德馨……」這更讓人覺得，這位老先生頗有幾分仙風道骨的味道。

其實D教授年輕時候也曾是個叛逆少年。早年搖滾樂還沒開始流行，他就跟幾個同學組了樂團。那時候他覺得，理想的生活大概就是能天天玩搖滾。

後來隨著年歲的增長、閱歷的豐富，D教授越來越覺得，多讀書才會活得更踏實，於是重拾書本，開始潛心研究學問。他說，學問研究得越深，越覺得真正的人生當在於精神的盈滿。

現在有很多年輕人追求時尚，追求高品質的精緻生活，可是在D教授看來，理想生活應該是一種精神高貴的生活，身外之物其實並沒有那麼重要，過一種「極簡」人生才是最踏實、最穩定的。

當然，D教授所說的極簡人生，並不是倡導打扮要衣衫襤褸，而是一種理念，相較把更多的精力和時間放在對外界事物的追求上，倒不如更多重視內在的修養，重視精神的成長，重視靈魂的豐富。

＊　＊　＊　＊　＊

我們身邊總有些人，吃飯總要找名廚餐廳，買衣服總要選名牌，明明才工作沒幾年，薪水也沒有多高，每到月底總要捉襟見肘，完全是不折不扣的「月光族」。在這些人看來，年輕就是本錢，人生得意須盡歡。

試問：吃穿用都挑最好的，就算是過上流生活嗎？這種居安不思危，只顧當下，不做長遠打算的行為，我們實在不敢苟同。或許真正到了某一天，他們會後悔現在的所作所為，開始後悔沒有多讀一點書，多充實自己的精神糧食。

* * * * *

過分執迷於生活的浮華，而疏於充實自己的內心，或許是很多年輕人的一個通病。可是，你有沒有想過，當見慣了燈紅酒綠、聲色犬馬，為什麼還依然覺得空虛無聊、迷惘無助呢？

其實，真正的高貴並非財大氣粗，並非良田千頃、廣廈萬間；而在於精神，在於靈魂，那些有著豐富的精神世界的人，才是值得我們敬佩的人。也許在屬於他們的世界裡，只有再平凡不過的簡單，但他們卻因精神的豐滿，而成為夜空中最明亮的一顆星，讓世人為他們的人格魅力所折服。

當我們對外在的物質追求越多，表示內心部分的追求越少，這樣的人生是不完整的。趁年輕，何不給自己更多空間、時間，充實自己的內心世界，多讀一本書，多聽一場講座，多結交一個摯友，就算是「極簡」人生，也可以有更廣闊的翱翔空間。如此，同樣可以高貴的活著。

62

別忘了分享
這世界上總有人需要你

有個年輕人想知道天堂和地獄到底有什麼區別，於是就去問上帝。上帝一言不發，帶他去參觀了天堂和地獄。

年輕人驚訝的發現，原來天堂和地獄沒什麼區別，都有陽光和微風，也都有綠樹和紅花；不同之處只在於，這兩個地方生活著不同的人。生活在天堂的人，個個快樂開心、相互關愛，臉上洋溢著幸福的笑容；而生活在地獄裡的人，個個愁眉苦臉、互相廝打，眼中流露出的都是貪婪和仇恨。

於是年輕人就問上帝：「天堂和地獄的人為什麼如此不同？」上帝還是一言不發，直接帶他去天堂和地獄的餐廳。

年輕人發現，天堂和地獄的餐廳也是一模一樣，設施一樣，飯菜一樣，只是每個人都要用一把比自己手臂還長的杓子吃飯，而且手要握在杓子柄的最遠端。只是，杓子柄實在太長了，所以沒有人能餵自己吃飯。

然而，年輕人也注意到，天堂裡的人會互相幫助，把自己杓子裡的飯菜餵到對方的嘴裡，因此每個人都吃得飽。而地獄裡的人只想著往自己的嘴巴裡餵飯，結果因為杓子柄太長很難吃得到，所以都餓得皮包骨、痛苦不堪。

其實，我們每一天都面臨著像這樣天堂和地獄的選擇。如果我們選擇和別人和睦相處、互相幫助，生活就變成了天堂；如果我們選擇貪婪、霸道和自私，生活就變成了地獄。

* * * * *

沒有人可以只靠自己的力量活一輩子。我們無時無刻都在分享著別人所創造出來的各種成果，這種分享帶給我們生活上的便利和精神上的滿足。可是很多時候，我們對別人的這些勞動成果又太習以為常，以至於經常忘了感激。尤其是在我們遭遇痛苦和悲傷時，總希望別人能夠理解，甚至是分擔，但是當我們擁有財富和幸福時，卻總是想獨自享用。

試想一下，假如你有六顆蘋果，自己獨享全部吃掉，那麼你僅僅嘗到了蘋果的味道；如果你把六顆蘋果分給六個人吃，那麼當他們有水果時，一定也會分給你，也許最後你吃到的水果總數還是六個，但很可能同時品嘗到了橘子、香蕉、葡萄和西瓜等，多種不同水果的味道。更重要的是，這六個原本素昧平生的人，也許會從此變成你的朋友、合作夥伴。

* * * * *

很多道理原本十分簡單，但我們總是被自私和貪欲所綁架，常常忘記什麼是生活中最重要的東西。當一個人只知道獨占時，也就失去了整個世界，所以，我們在不斷汲取別人給予的身體和精神營養的同時，也千萬別忘了把自己的智慧、思想、友情、愛心分享給更多的人。

當別人需要你時，也千萬別忘了伸出你充滿誠意的雙手。在這個世界上，總有人需要你，就像你永遠需要別人一樣。

63

你無法讓所有人滿意
那就盡心做好自己

雖然我們管不住別人的嘴巴，阻擋別人的挑剔和指責，但我們可以選擇對不公正指責的態度。只要問心無愧，就可以做到泰然自若。

一位名人曾說過這樣一句耐人尋味的話：「我又不是錢，不可能讓所有人喜歡我。」的確，每個人的喜好都五花八門，你怎麼可能讓所有人都喜歡？畢竟嘴巴是長在別人身上。

＊　＊　＊　＊　＊

有個大家熟悉的寓言故事「父子騎驢」，故事中：

父子倆趕著一頭驢進城，兒子在前，父親在後，半路上有人嘲笑這對父子：「真是活受罪，有驢還不騎！」

父親聽了覺得有道理，便叫兒子騎上驢子，自己在後面跟著。

走了一段路後，旁邊又有人指指點點：「看看那個兒子，真是不孝，自己騎著驢子，卻讓父親走路，唉！」

父親聽了，於是叫兒子下來，自己騎上驢背。

父子倆走了一會，又有人說：「這個父親真是狠心，自己騎驢，讓孩子走路？」

父親連忙叫兒子也騎上驢背，心想這下總該沒人議論了吧。誰知又有人說：「驢那麼瘦，兩個人騎在驢背上，不怕把牠壓死。」

最後，父子倆把驢子的四隻腳綁起來，一前一後用棍子扛著走。經過一座橋時，驢子因為不舒服，掙扎了一下，父子倆一個不穩跌倒，驢子也掉到河裡淹死了。

很多人就像故事中這對騎驢的父子一樣，過分在乎別人的看法，總是希望自己的行為能得到所有人的認同，人家說什麼，就聽什麼、做什麼。結果不僅事情沒做好，反而弄得一團糟。

* * * * *

這個世界上，不可能所有人都對你滿意。面對誤解和指責，與其討好每一個人，不希望得罪每一個人，不如專心做好自己的事，堅持走自己的路。

你要明白一點：你不可能顧及每一個人的利益，也許你認為方方面面都照顧到了，可還是會有人認為你太自私，根本不領情。你更不可能顧及每一個人的立場和看法，畢竟人與人的思維方式和價值觀都不同，對同一件事情都會有不同的感受和要求，所以無論你怎樣做，都會有人不滿意。

生活中，那些缺乏主見、喜歡揣摩他人心思的人，儘管初衷是想面面俱到，結果常常把自己搞得身心疲憊。

* * * * *

曾有一位畫家想畫出一幅人人都喜歡的畫。經過幾個月的辛苦努力，他把自己的作品拿到市場上展出，並在畫旁放了一支筆，還附上一則說明：親愛的朋友，如果你認為這幅畫哪裡有欠佳之處，請賜教，並在畫中標出記號。

到了晚上，畫家取回畫作時，卻發現那幅畫被塗滿記號。他心中非常難過，對這次的實驗深感失望。

過了幾天，畫家決定換種方法再去試試。於是，他又畫了一張同樣的畫拿到市場上展出，這一次，他要求每位觀賞者將其最為欣賞的妙筆都標上記號。出人意料的是，曾被指責的地方，如今卻都換上了讚美的標記。

有些人看來是醜的東西，在另外一些人眼裡恰恰是美好的。所以很多時候，我們做什麼，只要使一部分人滿意就很不錯了，因為在我們周圍，總會有一些挑剔、苛刻的目光在審視著我們。批評是別人說的，日子才是我們自己過的。

64

因爲別人
才讓我們可以過得更好

如果你的手裡有一束鮮花，只是留給自己獨自欣賞，那意味著你的生活一定冰冷孤獨，鮮花也會因此黯然失色。一個廚師做出了美食，如果只是為了獨自享用，勢必也沒有任何快樂可言，只有當更多的人品嘗，並讚美廚師所做的美食時，他才會感到無比的快樂與幸福。因此，不管你如何強調為自己而活，實際上卻是為別人而活。

有些時候，為別人而活，沒有什麼不妥，反而會有另一種美好。人類是群居性的動物，我們所做的一切都是為了融入這個社會，得到別人的認同，尤其是被我們喜愛的人所認同，這才是我們生命的本質和意義，也是我們生命能夠成長的全部祕密。

* * * * *

大學時代，青春呼喚著我們去彰顯自己，很多年輕人像雄性的鳥類，總希望自己比別人更有吸引力。

曾有個男同學，為了吸引心儀的女生注意，每天早上跑到女生宿舍前面的樹林彈吉他，直到被女同學們集體喝止，淪為寢室晚上熄燈後永恆的笑料。

從此，女生宿舍前再也聽不到這位男同學彈吉他的聲音，但他每天仍舊早出晚歸。直到有一天，同學們聽到他用流利的美語和外國教授交談，這才知道他每天早出晚歸的祕密，欽佩之情油然而生。當然，這位男同學很快成為女生們的偶像，他的生命也獲得成長。

* * * * *

很多時候，一個人的成長常常需要別人的關懷和鼓勵，就像花的成長需要園丁的澆灌和修剪一樣，而這種關懷，或許還能使你從此與眾不同。

他是一位來自農村的大學生，家境非常貧困，跟周圍很多來自大城市的同學相比，他的生活壓力很大，深感自卑。因此有很長一段時間，精神狀態極其不好，好多課程都不及格，面臨退學的危機，絕望中的他一度想了斷自己。

就在此時，同班一位女同學出於同情去宿舍探望他，並且說了一大堆他的優點，還告訴他說，其實很多女生對他很有好感，只是他常常表現得很嚴肅、很古板，所以才不敢接近。

說完這番話的女同學走後，男生精神大振，立刻翻出教科書認真復習，後來終於補考及格。更令人欣慰的是，男生從此奮發圖強，畢業時成了全班最優秀的學生，獲得國外一所著名大學的獎學金。

出國前，男生請那位女同學吃飯，表示感謝。席間，女同學坦誠的告訴他，當初對他說的那些話只是為了安慰他，令人可喜的是，現在他真的具備了當時她所說的全部優點。

在每個人的成長路上，都有一段時間需要別人的愛護、鼓勵和幫助。在接受別人的幫助和鼓勵的同時，我們也應該主動幫助別人。請記住：不管你的處境有多麼艱難，這個世上一定有很多人比你過得更艱難，他們需要你的幫助和鼓勵。因為你的出現，他們的生命將會變得更加美好。

65

人總要經歷滄桑
才能見到曙光

ＫＫ之所以發現自己是個很消極的人，是從健身時候開始的。每當教練讓她做一個稍微有點難度的動作或器材，她的第一反應就是「不可能」、「我做不了」，但是每次在教練的威逼利誘下，她都完成得不錯。

教練說，每個健身愛好者對健身都應該有一種熱愛的心態，要求你做二十次，你就應該有做四十次的熱情，儘管教練並不會讓你真的做四十次。

可是在挑戰之前，很多人連試一試的機會都不給自己，就輕易拋出「不可能」、「我做不到」之類的話，久而久之，就真的變成了一個消極的人，無論做什麼都感覺自己是在被動中完成。

*　*　*　*　*

生活在這個世界上，有的人過得幸福、快樂、富有，有的人卻始終生活在苦惱和貧困之中。如果你的世界顯得沉悶而無望，那是因為你自己沉悶、無望所致。

仔細想想，生活中很多人都是這樣。一遇到不好的事情，潛意識總會先把所有最極端的壞處都想到了。像是懷疑出門沒鎖門，就會想到家裡很可能被偷，損失慘重；懷疑沒有關燈，就會想到電線走火，家被燒了。

當人們不知道某件事情、某段關係將要朝著什麼方向發展時，常會朝著不好、不對，有什麼意外、出什麼錯的方向去猜想。但實際上什麼都沒發生。

其實，問題什麼時候都會有，為什麼想法不積極樂觀一些？明天的困難明天再去想，今天著急什麼。面對同樣的問題，如果換一個角度想一想，是否會變得不一樣呢？「既然最糟糕的事都已經發生了，還有什麼可怕的呢？」「都已經到了谷底，那麼以後就該否極泰來了！」當你在最不順利的時候，如果能給自己這樣的心理暗示，往往會增強心中的安全感，也會給自己足夠的信心去面對。

如果工作上遇到一些非常困難的關卡，很多人會覺得自己實在跨不過去了，無時無刻不想著要辭職。但是你何不換個角度想一想，這或許正是磨練我們的好機會。人的一生中，一帆風順未必是件好事，早一點遇到困難，等日後回過頭再去看時，一定會覺得當時的自己多麼可笑。這樣一想，便會覺得自己因此成長很多，戰勝困難的勇氣便油然而生。

再比如，股票大漲的時候，我們偏偏賣早了，感覺平白無故損失了很多錢，懊悔不已；但是你也可以這麼想，賺的那些錢就是老天爺讓我賺的，繼續大漲而贏得的錢可能都不該是我的，人要懂得知足。所以，當股票大跌的時候，雖然投入的錢不多，但也很心疼賠掉的部分，那就告訴自己，這正是鍛鍊自己長遠眼光的時候。這樣一想，無論股票大漲還是大跌，自己的心態都會平衡不少。

如果你能堅持換個角度想的話，就會發現其實生活中有很多值得你微笑的事情，並沒有那麼多的焦慮和絕望。如果一個人在困難面前總是絕望，感覺自己像是走進一個萬劫不復的深淵裡，生活像是被蒙上烏雲黯然無光，越是消極的想，越容易走進死胡同，在考慮問題的時候，就更加容易混亂，把問題想得很嚴重。但事實上，除了生命攸關的問題，還真沒有什麼大不了的事。

有些路很遠，走下去會很累；可是，不走，會後悔。人在旅途中，就別總想著一帆風順的生活。人的一生要歷經無數次的風風雨雨，快樂與痛苦同在，順境與困境同行。順境中意氣風發，困境時也應該坦然面對，這才是積極的人生。

66

珍惜並善待生命
寫下自己的幸福劇本

珍惜和善待生命，就是善待自己，它能讓痛苦和煩惱遠離我們的一生，讓我們在恬靜的生活中感知生命，讓我們走過無痕的歲月而無悔無憾。人生是無法倒帶的生命之旅，面對神聖和有限的生命，我們更要珍惜和善待它，尋找屬於自己的幸福人生。

* * * * *

有一個生長在孤兒院的女孩，常常悲觀的問院長：「像我這樣沒人要的孩子，活著究竟有什麼意思呢？」

院長笑而不答。有一天，院長交給女

孩一塊石頭，說：「明天早上，妳拿這塊石頭到市場上去賣，但不是真賣。記住，無論別人出多少錢，絕對不能賣。」

第二天，女孩拿著石頭蹲在市場的角落，意外發現有不少人對她的石頭感興趣，而且價錢越出越高。

回到孤兒院後，女孩興奮的向院長報告，院長笑笑，要她明天拿到黃金市場去賣。沒想到，在黃金市場上，有人出比昨天高十倍的價錢來買這塊石頭。

最後，院長叫女孩把石頭拿到寶石市場上去展示。結果，石頭的身價又漲了十倍。由於女孩說什麼都不肯賣這塊石頭，竟然因此被人們傳為那石頭是塊稀世珍寶。

女孩興匆匆的捧著石頭回到孤兒院，把這一切告訴院長，問為什麼會這樣。

院長沒有笑，望著女孩慢慢說道：「生命的價值就像這塊石頭一樣，在不同的環境下就會有不同的意義。一塊不起眼的石頭，由於妳的惜售而提升了價值，竟被傳為稀世珍寶。妳不就像這塊石頭一樣？只要自己看重自己，自我珍惜，生命就有意義、有價值。」

沒有人不想幸福快樂的生活，然而，現實生活總是不盡如人意，我們不能左右幸福，痛苦和煩惱總是不期而遇，面對痛苦和煩惱我們也許無法逃避，但我們可以選擇珍惜與善待自己。

* * * * *

生命的價值取決於你自己的態度。珍惜獨一無二的自己，珍惜這短暫的幾十年光陰，然後再不斷充實、發掘自己，最後社會才會認同你的價值。生命在於內在的豐盛，而不在於外在的擁有。只有珍惜幸福快樂的感覺，與自己快樂相處的人，才能遠離痛苦與煩惱，才能擁有快樂的人生。

有人說，生活是一種享受；有人說，生活是一種無奈。其實，生活有享受也有無奈，有欣慰也有困惑。生活就像一枚綠橄欖，你含在嘴裡慢慢品、細細嚼，便有諸多滋味在你舌尖蔓延，也甜，也酸，也苦，也澀。

與浩瀚的宇宙相比，我們的生命是如此短暫。不論平淡無奇，還是轟轟烈烈，不論一帆風順，還是波折坎坷，生活都沒有拋棄我們，還賦予我們很多很多，給予我們成熟的思想，給予我們人間最可貴的親情、友情，教會我們喜悅與悲傷，所以我們更應該珍愛生活，悉心感受生活。

能愛的時候好好愛，不能愛的時候好好過。不用別人的標準衡量自己，也不用自己的標準去衡量別人，沒人能左右你的幸福，也沒人能替代你的快樂。認清自己，才是衡量幸福和快樂的標準。所以，追逐幸福的人，一定要珍惜自己，善待生命。

生存智慧 ❻

這世上有兩種人，

一種活得聰明，另一種活得明白。

第一種人往往很成功，

第二種人往往很快樂。

好日子 01

你這一生要努力的，
就是活成自己喜歡的樣子

作　　者 / 王詩雨
總 編 輯 / 李復民
責任編輯 / 陳瑤蓉
封面設計 / 口米設計
美術編輯 / 口米設計、陳香郿
文字校對 / 呂佳真
專案企劃 / 蔡孟庭、盤惟心

出　　版 / 遠足文化事業股份有限公司 / 發光體文化
發　　行 / 遠足文化事業股份有限公司
地　　址 / 231 新北市新店區民權路 108 之 2 號 9 樓
電　　話：(02) 2218-1417　傳真：(02) 8667-1065
電子信箱：service@bookrep.com.tw
網　　址：www.bookrep.com.tw
郵撥帳號：19504465 遠足文化事業股份有限公司

讀書共和國出版集團

業務平台
總經理 / 李雪麗　　副總經理 / 李復民
專案企劃總監 / 蔡孟庭　　特販業務總監 / 陳綺瑩
海外業務總監 / 張鑫峰　　零售資深經理 / 郭文弘
印務協理 / 江域平　　印務主任 / 李孟儒

法律顧問 / 華洋法律事務所 蘇文生律師
印　　製 / 中原造像股份有限公司

2020 年 7 月 1 日初版一刷　　定價：350 元
2024 年 12 月 4 日初版十刷　　書號：2IGD0001　　ISBN：978-986-98671-2-2

本書臺灣繁體版
由四川一覽文化傳播廣告有限公司代理，
經 北京竹石文化傳播有限公司 授權出版

團體訂購請洽業務部 (02) 2218-1417 分機 1132、1520
讀書共和國網路書店 www.bookrep.com.tw

國家圖書館出版品預行編目 (CIP) 資料

你這一生要努力的，就是活成自己喜歡的樣子 / 王詩雨作. --
初版. -- 新北市：發光體出版：遠足文化發行，2020.07
面；　公分. -- (好日子；1)
ISBN 978-986-98671-2-2(平裝)

1. 自我肯定 2. 自我實現

177.2　　109007644